全国小学生校园美文精品集萃丛书

七色阳光
小少年

# 你是我的一米阳光

《语文报》编写组 编

时代文艺出版社

图书在版编目（CIP）数据

你是我的一米阳光 /《语文报》编写组编. —长春：时代文艺出版社，2018.8（2023.6重印）
（"七色阳光小少年"全国小学生校园美文精品集萃丛书）

ISBN 978-7-5387-5875-7

Ⅰ.①你… Ⅱ.①语… Ⅲ.①作文－小学－选集 Ⅳ.①H194.4

中国版本图书馆CIP数据核字（2018）第118037号

出 品 人　陈　琛
产品总监　郭力家
责任编辑　刘瑀婷
装帧设计　孙　利
排版制作　隋淑凤

# 你是我的一米阳光

《语文报》编写组 编

出版发行 / 时代文艺出版社
地址 / 长春市福祉大路5788号　龙腾国际大厦A座15层　邮编 / 130118
总编办 / 0431-81629751　发行部 / 0431-81629758
官方微博 / weibo.com / tlapress
印刷 / 北京一鑫印务有限责任公司
开本 / 700mm×980mm　1 / 16　字数 / 153千字　印张 / 11
版次 / 2018年8月第1版　印次 / 2023年6月第5次印刷　定价 / 34.80元

图书如有印装错误　请寄回印厂调换

# 编 委 会

# 目 录

001

## 我的梦幻田园

## 心中的美好家园

## 酷小鬼独自在家

004

## 盆中的舞蹈

　　家乡的腌菜看起来黄里带绿，中间夹杂着红红的干辣椒，颜色甚是好看。吃起来的味道更是堪称一绝，尤其是腌菜烧猪肉，那叫个爽口、香嫩，简直无法言表。

# 都是螃蟹惹的祸

### 夏　寒

　　班长文丽真是个负责的干部！早晨，我刚跨进教室，她就要收作业了。

　　可是不巧，我昨晚光顾着看精彩的电视节目，竟把作业忘了。这可怎么办？眉头一皱，我计上心来。"大班长，我的作业做好了，可是早上走得太匆忙，忘了放进书包里！"我朝班长解释道。"今天中午你一定带来，不然我就报告老师了。"班长语气坚定，完全不听我的解释。我一下子像泄了气的皮球——瘪了。哼！敬酒不吃吃罚酒，看来得让这个"管家婆"尝尝我的厉害。

　　我苦思冥想，终于想出了一条"妙计"。中午放学回家，我从小溪里捉来一只大螃蟹，放进塑料袋里，并把它带到学校。此时，文丽正在专心致志地写作文呢，趁她不备，我把那只怒目圆睁、双螯高举的大螃蟹放进了她的书包。之后，我便若无其事地做起作业来。

　　突然，我感到脚背痒痒的。"哎哟！"低头一看，大螃蟹钳住了我的小脚趾。天哪！它什么时候从文丽的书包里爬到我脚上了？同学们围过来，七嘴八舌地问："你叫唤什么啊？""我，我的脚……"我疼得语无伦次。

　　这时，文丽忙跑过来，蹲下身关切地问："疼吗？看你，都被螃蟹钳出血来了。"她掰开蟹螯,掏出手绢为我包扎伤口。我看着文丽的一举一动,羞愧得无地自容,她这么关心我,而我却想出这种馊主意捉弄她,真是太不应该了。

经过这次事情,我对班长真的是口服心服了。


# 妈妈的口头禅

王亦淳


我的妈妈爱唠叨,反复唠叨的一句话:"一定会好起来的"。

那天,我刚写完作业,妈妈就来到我的身旁。她要我背诵,经妈妈一再提醒,总算结结巴巴地背了出来。我紧张地看着妈妈,等待她的训斥,哪知她拍了拍我的肩膀,笑眯眯地对我说:"再多读读,相信一定会好起来的。"这太出乎我的意外,竟一下愣住了。不过,我默默地发誓:一定要更加努力,绝不让妈妈失望!

去年,爷爷支气管炎复发,咳嗽得"翻江倒海",妈妈为他四处寻医问药,病情依然不见好转。爷爷整天唉声叹气,脸色一天比一天难看,只得住院进行手术治疗。爷爷非常固执,连连说:"没用的,没用的。" 妈妈望着爷爷,为他加油鼓劲:"一定会好起来的!"后来,手术顺利完成,如今爷爷的病好了,身体也比过去硬朗得多。

几个月前,妈妈的公司新来了一名员工,她埋头苦干,工作效率却不高。其他员工都看不起她,冷言冷语冷面孔,想方设法地排挤她。她受不了窝囊气,便向妈妈辞职。但是,妈妈看她十分勤快,便鼓励她说："只要你坚持下去，一定会好起来的！"她找回了自信，慢慢也赢得了同事的尊重。

"一定会好起来的！"这句口头禅，妈妈常常挂在嘴边，日复一日，年复一年，这句话也成了我的座右铭，在我遇到困难的时候，一直激励着我前进！

# 无法抹去的童年记忆

李愉昕

最值得我怀念的，莫过于我家门前的那条小溪，它的水清澈见底，清晰可见水底一块块鹅卵石。我从小就经常和小伙伴们在溪水里捡它们，我喜爱小溪，不仅是五彩缤纷的鹅卵石，更因奶奶讲的那些至今难忘的小故事。

相传小溪曾是一条奔腾不息的长河，八仙云集在这里比试法力。当时，铁拐李过河的时候，他在河里施了法术。随着时间的流逝，法术慢慢消退，这条小溪里却出现一件神秘的宝物，像珍珠一样晶莹剔透……正是奶奶津津有味的讲述，让我完全融入到了那美妙的传说中。

趁奶奶不注意，我曾溜出去寻找那"价值连城"的宝物。但是，忙活一上午，却灰溜溜地无功而返。我毫不气馁，第二天又溜了出去。功夫不负有心人，我终于发现了它。当我去捡的时候，突然一脚踩空摔了一跤。幸好贵人相助，才化险为夷。回家以后，我将这事告

诉奶奶，她笑着说："傻孩子，铁拐李的宝物没有找到，倒差点儿搭上了我宝贝孙女的性命！"

我固执地认为自己真的发现了宝物，在我的苦苦哀求下，奶奶和我来到发现宝物的地方。我从溪水中将它打捞出来，原来是一只破碎的瓶口，不禁愤愤地说："谁这么缺德，乱扔垃圾！"

对于这条小溪，我至今一如既往地喜爱它，不是它那美丽动人的传说，而是那里有我永远抹不去的快乐童年。

# 冤家路"宽"

盛渊钦

开学，我带着暑假作业兴冲冲地赶到学校，一进校门，就见到了好朋友顾裔豪。"你知道吗？我们班换了语文老师，听说她姓陆，还是我们的班主任呢！""是吗？那去看看。对了，这学期我们该到六（1）班报道吧！"我俩有说有笑地朝四楼走去。

"同学们，请大家依次排好队。"这声音怎么这么耳熟？挤进人群，我踮脚一看，我的妈呀！原来是她。说起来，我和她之间还发生过这么一件事呢！上学期的一天中午，我端着餐盒走出食堂，准备把没吃完的油炸猪排倒进泔水桶。"这位同学，你是几班的？怎么没吃就倒掉？""我吃不下。""这不行。你不知道要爱惜粮食吗？看你还是中队委员呢！"周围同学的目光都射了过来，我低着头，不得不乖乖地去解决那剩下的饭菜。为此，我们班还被扣了队风队纪分，我怎么会忘了这留着长发、圆脸蛋的值日老师呢？唉，冤家路窄，就这么"窄"呀！或许过去了一学期，她该把我忘了吧！管她呢，虽然嘴上说不怕，我还是不由自主地移到了队伍的"尾巴"。

"盛渊钦，想什么呢？"顾裔豪的话打断了我的思绪。这时已轮到我了，我忙不迭地递上暑假作业。她正看着我呢，似乎认出了我，又像发现了南极大陆，若有所思。果然不出所料，她开始对我说："你叫盛渊钦，宣传委员，对吧？听说你的笛子吹得不错，已拿了六级证书，今后我们班上的联欢会可是'保留节目'啊！""哦，哦——"我呆立着，竟一时想不出怎么回应。她接过我的作业，小心翼翼地翻阅："嗬，挺好，观察日记写得细致、真实，看来是动了一番脑筋的。"

人常说："冤家路窄"，通过这次交谈，我第一次感到"冤家路宽"。你看，前边的路不是越来越宽了吗？

006

# 花 灯 情

焦云晖

小时候的我最喜欢过节了，喜欢春节的鞭炮和花衣裳，喜欢端午节的粽子和香包，喜欢中秋节的圆月和月饼，但我最喜欢的还是元宵节。原因很简单，过元宵节不但可以吃到晶莹剔透、美味可口的元宵，还能看五彩缤纷、形态各异的花灯，俗话不是说"小花妮，坐门墩，看花灯，做画人"嘛！我还能玩各式各样的自制花灯，在小朋友们面前展示呢。

我的花灯我做主，我自己做出的花灯可谓是品种繁多，别具一格。一到年底，妈妈就像置办年货一样准备花灯的材料，什么装方便面的桶、酒盒、蜡烛、各色皱纹纸、南瓜、橘子等。做成的花灯用宋丹丹的话说，那是相当地艺术。莲花灯如一朵朵盛开的荷花，亭亭如舞女的裙；南瓜灯更是圆圆满满、金碧辉煌……每一种灯都让我爱不释手，可做花灯需要的工夫也可想而知。

从年初五开始，妈妈就忙活起来了，裁、剪、粘、贴，每一道工序都需要细心和耐心。我在旁边看着，有时也帮着剪剪贴贴，那样的感觉是温馨的，是充实的，有一种参与的快乐。当一盏盏灯做出后，纷乱地摆在桌子上，五彩花灯便迷醉了我的双眼。暖暖的春的气息夹杂着荷花般的清香扑面而来，沁人心脾，让人忽然感觉春天的脚步近了。

每一盏灯里放上一支酥油蜡烛，再把蜡烛点燃，一盏盏灯好像普罗米修斯为人类盗来的天上的火种，发出淡黄色的亮光，把人带入一个童话般的世界。一灯如豆，却足可以给荒芜的黑暗带来无眼光明，并给迷茫的心灵指引前进的方向。我的双手小心翼翼地捧着那花灯，听妈妈轻声细语如念经似的说"照照眼，不害眼，保佑全家永平安"之类的吉祥话。不等妈妈的"经文"念完，我就迫不及待地提着花灯跑了。和我一般大的小孩子早就来到了街上，手里提着各式各样的花灯笑着、闹着……那些灯远如漫天的繁星向我眨眼致意。我的灯却最能吸引人的眼球，它有着工艺灯所没有的浪漫温情，它是特别的，是唯一的。小伙伴们互相传递着，欣赏着，我的自豪感油然而生，简直乐开了怀。

花灯，元宵夜的花灯，你用缤纷的色彩，点缀着美好的生活；用你的光明，驱走黑暗，照亮人们前进的道路。

花灯，我心灵深处永远难以割舍的浪漫情怀。

# 乡下生活乐事多

杨雨晨

暑假，我去了乡下外婆家。外婆家真美，四周都是树，门前是大片的桑园，田间路边长着修直挺拔的白杨树，满眼碧绿，一阵风吹过，田野里就像泛起了绿色的波浪，层层叠叠。屋后是条碧绿的小河，大白鹅嬉戏水间，给小河增添了活力，两岸各色无名的野花，散落在杂草丛中，像是给小河镶上了华丽的丝带。

清晨，大地还笼罩着一层雾霭的时候，外婆已经起床了这时就听到公鸡、母鸡争先恐后地"咯咯咯…喔喔喔"地叫着，它们边扑扇着翅膀，边追赶着外婆要食吃，一副急不可耐的样子！

外婆忙着熬粥、煮鸡蛋，表姐从田地里挑了一条粗壮的小瓜，洗净，用刀竖着从中间一劈两半，五指并拢作耙状，"哧溜"一声，就把中间的瓤掏空了，再用水冲一下，拿起菜刀"啪啪啪"，一片片的薄薄的小瓜片掉了下来。我像个大馋猫似的不停地拎起瓜片放进嘴里。表姐笑着说："小瓜生的不好吃，待会儿我到田里摘个香瓜给你吃。"瓜片堆满了砧板，表姐把瓜片放进盆里，放上一勺食盐，不停地来回翻滚着捏搓，不一会儿，绿色的瓜汁溢满盆子，小瓜片渐渐变软了，变少了，表姐拎一个，尝了尝，又放了点儿盐，再捏搓几下，接着捧起一把，双手合掌用力一捏，水没了，然后把碧绿碧绿的小瓜片放进另一个早已准备好的盘子里，拍几个蒜瓣在上面，再浇上豆油、麻油，放上一点儿味精，一搅拌，一盘正宗的腌制小瓜菜就做好了，我迫不及待地尝了一下，哇！香香的、脆脆的，太好吃了！

早饭还没吃完，就听到有人大喊："抓野鸡！抓野鸡！"表弟一听飞也似的追了过去，大舅跨过桑沟，追过去，那只灰色的野鸡速度够快，从门口的小路"呼"的一声，钻进桑园里一下子消失了，再也没听到响声。大舅找了好一会儿，失望地说："一顿野味飞了！"

中午，外婆在厨房里忙活着，小表弟瞪着一双圆溜溜的大眼睛说："哥，我带你去抓呆子鱼！"我很好奇。表弟找了两个小菜篮，我俩直奔"河码头"，水泥板的柱子上覆盖着绿色的青苔，上面是大大小小的田螺，小表弟的眼睛真亮，一下子就发现了浅水边的两条呆子鱼，他轻手轻脚把小竹篮安插到鱼的后边，折一根树枝在前面"骚扰"它，它果真上当了，不偏不倚地退进了小竹篮。表弟猛地一拎，收获了一条鱼。我也学着他的模样，竟然也捉住了一条，然后我一路惊呼着跑去告诉外婆。外婆笑着告诉我，这鱼本不叫这个名，就因为它反应迟钝，容易上当，所以村里人爱叫它"呆子鱼"的。

鱼抓累了，我和小表弟，还有邻居家的小伙伴干脆脱光衣服跳入水中，凉凉的水没过腰际，好舒服，我们三个玩了好久才恋恋不舍地上了岸。乡下生活乐事多，真让我留恋！

# 可爱"老"妈

苏 樱

提起老妈，脑海中的第一印象是可爱，然后就会想到许多连我都不敢相信的糗事。在家务方面，老妈总是垂头丧气，有气无力，不过令她最兴奋的时候还得是暑假或者我期末考试之前。为什么呢？因为临近考试，学习气氛紧张，老妈就能借口"放松放松，休息一下，玩一玩"之类，一到天气好的周末，便大车小车，一路欢歌。当然，所谓的"大车小车"虽然是车，但是自行的。妈妈和我经常光顾生态园，去里面烧烤，在草地上"嗅嗅"泥土的味道；去草莓棚采草莓，尽管里面很热，但我俩总是非常高兴。老妈一发现有大草莓就先惊叫一声，故意不让我过去，一定要用照相机拍下来才罢休。想起来，每次出去玩耍，食物、照相机，甚至玩沙的工具都是老妈兴高采烈地带得完整齐备的，什么也不落下，好像是她在放松，她在玩。

说到带东西，相反，老妈一直都有一个大问题——"健忘症"。其实她并不健忘，年龄也不大，可她总是会有一些倒霉或无奈的意外事件。有一次，我和老妈带奶奶去商店换鞋。我们先开车去买吃的，再去接奶奶。一上车，我习惯地问："都带齐了吗？""确认无误，出发！"爸爸一踩油门……可谁知到了半路上，老妈一拍大腿——"哎呀！发票忘带了！"我当时就气晕了："不是'确认无误'了

吗？"天啊，接下来，当然是接完爷爷奶奶再回去拿发票了！

生活中，老妈诸如此类的事情实在是太多了，"老妈"好像真的老了，得了健忘症，但提起"放假、玩"，又觉得老妈真有趣，一点儿也不老。你说我的老妈到底"老不老"呢？

# 小小"魔术"

郑浩星

它全身棕褐色，两头尖尖，腹部略鼓，表面有许多粗细不一的纹路，好像老人脸上密密的皱纹。乍一见到它，我还以为这是一个"营养不良"的橄榄。待老师金口一讲，我才知道了它的大名——"胖大海"。拥有一副橄榄明星脸的它，怎么会名为"胖大海"呢？它一点儿也不胖呀！它身上又没水，又怎么会和"大海"扯上关系？我脑中充满了疑惑。

"你可别小瞧它，它的奥妙多着呢！"老师看出了我们的心思，捏起一粒胖大海，笑着对我们说："这长得颇像橄榄的胖大海，是梧桐科植物胖大海的种子。它是一种中药，有清肺热、利咽喉、清肠通便的功效，常用于干咳无痰、咽痛音哑、慢性咽炎等病症。胖大海不但会医病，还会变魔术呢！"

什么？"胖大海"会像央视春晚上一变走红的刘谦一样变魔术？我们的小眼睛马上亮了起来。

在老师的"指挥"下，我将胖大海放入一个装满开水的杯中。胖

盆中的舞蹈

大海轻悠悠地浮在水面上。很快，它的全身开始冒起了泡泡。时间一分一秒地过去了，胖大海的身子渐渐"丰满"起来，尖尖的头部先裂开了，钻出了棕色的像水藻一样的东西。我的眼睛不敢眨巴一下，生怕眨眼的瞬间，精彩的"魔术"就消失了。它的身体里似乎有一股强大的力量要冲出来，我清楚地看到胖大海裂开了一条条缝，一簇簇毛茸茸的棕色"水藻"冒出来，太神奇了！随着时间的流逝，胖大海不断地膨胀着，膨胀着，最后像一朵春花般在水中绽放开了。原先清澈见底的水现在变成了一杯红褐色的水了。

就在这时，一个声音钻入了我的耳朵，"好苦啊！"原来是锦淞一时嘴馋，先尝了一口。他舔了舔嘴唇，回味似的笑道："好像又不苦，一点儿味儿也没有。"听了他的这番话，我的目光转到面前的"胖大海茶"上。看着这红褐色的"茶水"，我犹豫不决，到底喝还是不喝。俗话说得好：百闻不如一见，百见不如亲身体验！喝吧，我拿起杯子，喝了一小口。起先觉得淡而无味，后来感觉口中有些甘甜，喉咙也爽利多了！

回顾胖大海变"胖"的经过，我不禁感叹：胖大海真神奇！

# 自行车的争吵

容嘉瑜

近段时间，不知什么原因总是从自行车的家族里传来吵闹声。

有一天早上，忽然从街道上又传来一阵激烈的争吵声。原来是自行车的前轮和后轮在争吵。

　　仔细一听，啊，原来自行车前轮走得太累了，迷迷糊糊地打了个盹。它一睁眼，突然发现前面路上有一块大砖头，于是，赶紧把身子扭了一下，躲了过去。可是它的身子还是被擦破了一点儿皮。当它还没来得及把前面的险情告诉后轮时，就听"咯噔"一声，后轮已被砖头硌了腰，一根最老的车条，疼得弯下了身子。

　　"为什么不早告诉我呢？"后轮埋怨地说。

　　"我又不是故意的！"前轮觉得十分委屈。

　　它们一边在争吵，一边继续向前行驶。这时，自行车在大街上奔跑，一见前面有行人，车铃就唱了起来："请，请，请……请让路！"车闸听多了，就不高兴了，它想：车铃真爱出风头！每次遇到危险，还不都是我把车刹住？于是，它大声对车铃喊："喂，干吗总是咋咋呼呼的？"

　　车铃不再作声了，可是人们也再没法注意避让自行车了。这可忙坏了车闸，它不停地把身子一弓一弓地将车刹住。不一会儿，就被磨下了一层皮。这时，车闸又大声地吵闹起来。它们正吵闹得起劲的时候，一辆老式的自行车刚好从它们身边路过，这时，自行车的前轮和后轮以及车闸马上把老式自行车拦住，要求帮它们评评道理，看谁不对。老式自行车听了它们的争吵后，语重心长地说："小伙伴，你们先把心平静下来，好好想一想，其实大家都是一家人，大家同样重要，一辆自行车如果没有前轮或后轮都不能行驶。还有，如果没有车铃叫行人让路，人们就没法避让自行车了，那么车闸就要不停地工作，时间一长，车闸的皮就会被磨平。同样，如果只有车铃在叫，而没有车闸，那当然也不能避让行人。你们说，是不是每一个人都重要呢？又有什么值得争吵呢？"

　　听了老式自行车这位老前辈的一番话，前轮的脸一下子红了，赶快对后轮说："对不起，请原谅！"后轮的脸也红了，小声说："没关系！"

这时，车闸看着自己那被磨得破烂的一层皮，才知道不该小看车铃的作用。于是，小声地说："小车铃，我错了，你还生我的气吗？"

车铃一点儿不生气，见前面有人，又愉快地喊了起来："请，请，请，让……"

# 捉小鱼捡"菜刀"

汪书慧

014

假期结束了，但假期里发生的一些趣事让我难以忘怀，其中印象最深的就是去河里捉小鱼，寻找奇形怪状的石头。

那天清晨，外婆带我到河边洗衣服。小河姐姐正在大声歌唱"哗啦啦，哗啦啦"，向我们展示她的歌艺。外婆说："你到浅水区玩吧！我要洗衣服。"

我来到浅水区，河水清澈，还有许多鱼儿向我招手呢！我想：家里不是还养了几条金鱼吗？干脆捉几条给它们做朋友吧！于是，我让外婆把竹篓递给我，再把它悄悄地放进水里。大约过了五分钟，小鱼纷纷进了竹篓里，我一看，是个好机会，立刻拎起竹篓。可谁知，鱼儿好像知道了我要捉它们，一眨眼就逃走了。这时候，我边上的一位姐姐对我说："这些鱼很狡猾的，你必须往里面放几粒米饭，它们游来时会吃米饭，那时，你悄悄拎起竹篓放进袋子里，就行了。我用这种方法捉了很多鱼，你数数看。"我数了一下，足足有十条鱼！"我这儿还有一些米饭，就送给你吧！""谢谢你。"我按照小姐姐说的方法，结果一次就捉了五条呢！我高兴地手舞足蹈。

这时，我忽然发现了一把"菜刀"。当然，那是块石头，只是长的像菜刀而已。它的颜色是绿色的。我想：大自然真神奇啊！有没有比这更奇怪的石头呢？于是我又俯下身子，仔细打量着湖底，真的发现了许多奇形怪状的石头，有的像宝石、有的像小鱼，还有的像爱心呢！忽然我眼前一亮，发现了一块五颜六色的石头，上面有蓝色、灰色、黄色、桔色和绿色，真是美丽极了，而且一层一层的，非常有规律，像一本书。

正当我玩得忘乎所以的时候，一阵声音从不远的地方传过来："慧慧，回家了！"原来是外婆在喊我。我不由叹了一口气：为什么快乐的时光总是那么短暂？小河，我明天再来找你玩。

# 数学体操

姚棋铜

老师常对我们说，学习就是创造，数学就是做操——思维的体操。

这不，他又让我们"做操"了！

老师说："请打开书的18页。小明家和冬冬家都在太平路上。小明家离少年宫大约有5000米，冬冬家离少年宫大约有3000米。他们两家之间的路程大约有多少米？"

我一看，这好做，两家的距离不就是5000＋3000＝8000（米）吗？

老师说："来点儿创造好不好？"

对了，还有其他可能——

如果他们两家在同一方向，两家的距离不就是5000－3000＝2000（米）了吗？

课本就是课本，老师就是老师，题目还有点儿绕人呢！

看着别人还在那里做，我闲着也是闲着，就拿这一题来做做"操"吧！

我就在本上把图画了又画，这一画，让我有了惊喜的发现：在同一平面上，如果以少年宫为圆心，分别以小明家的5000米为半径，以冬冬家的3000米为半径作两个圆，那么，小明和冬冬家的距离就是一个不定值。

老师说我的想法很独特，说我能想到圆，想过球吗？

球？如果两家住楼房，以少年宫为球心，小明住在半径为5000米的球面上的一个点，冬冬住在半径为3000米的球面上的一个点上。那么这两家的距离能准确说有多远吗？

我又突发奇想，如果两家隔河相望，冬冬上学走马路，小明上学路上要过一座山，也不是不可能，要是这样的话，两家不就只是一河之隔吗？

想到这里，我高兴得四脚爬地——得意忘形。

数学体操就是这么可爱。

# 我的宠物叫"幸福"

翁广安

瞧，幸福，我的宠物来了！

## 哦，你好，你好，十分钟

"丁零零……"老师讲完了最后一道题，熟悉的铃声伴着歌声如期而至。

"沙包——沙包——"在同学们有节奏的呼喊声中，我带着跟爸爸一起缝制的创意杰作——五角星沙包，与伙伴们展开了新一轮的"狂轰滥炸"：一声声尖叫在人群中响起，一颗颗"流星"在操场上游弋，攻击的、"阵亡"的、胜利的，每个人的脸上都盛开着一朵灿烂的花儿。我知道，这花儿的名字叫"幸福"，每当我跟同学们在一起，幸福就会悄悄跑到我身边。我的宠物，它也爱凑热闹呢！

## 啊，欢迎，欢迎，解难题

面对黑板上的难题，大家凝神思考，教室里只听见笔尖在纸上摩擦发出的沙沙声。一会儿，答案就像雨后钻出地面的笋芽儿，同学们

盆中的舞蹈

争先恐后地举手发言。一个同学从容地走上讲台，写出了解题思路。

"奖赏10点'班布'！"老师话音未落，我霍地站起来，"老师，这道题只需一步就可解答。"在老师鼓励的目光中，我详细地叙说了自己的思路；在同学哗哗的掌声里，我的宠物坐在了我身边。真奇怪，幸福怎么总像老师的贴身保镖，每次都来得这么及时呢？

## 哈，沉醉，沉醉，好读书

家里大大小小的故事书已满足不了我的胃口，偶然间我从爸爸的书橱里翻出了一本发黄的旧书《从一到无穷大》。天哪，无穷大数，微观世界，宏观宇宙，四维空间……我像着了魔一样如饥似渴地阅读着它。慢慢地，最难啃的"硬骨头"开始松动了，每次再读都有新的收获……一天，妈妈又递给我一本《时间简史》，太好了！书香弥漫中，我的宠物又开始在字里行间跳跃。

018

啊，幸福无时无刻不在我们身边。朋友，幸福，是我的宠物，你呢？

# 老师的火眼金睛

朱晶晶

大家都知道孙悟空有一双火眼金睛，非常厉害，能识别各种妖魔鬼怪。我们的李老师也有一双火眼金睛，你信吗？跟我一起看看吧。

今天的语文课上，李老师一走进教室，就笑着对我们说："今天，我给大家表演一个魔术！"教室里立刻欢声雷动。

只见李老师拿出一张普普通通的正方形白纸，举起来向大家挥了挥。"李老师，这是一张普通的纸吗？让我们验证一下。"有同学不放心地大声说。在我们确认后，李老师把纸折成了九个小正方形，接着按照折痕用手撕成九张，然后把这九张叠成一叠，说："下面，我请一位同学上来，在第一张白纸上写上自己的生日，其余八张上随便写上一些日期。写完后，把次序打乱，我能猜出这位同学的真正生日。谁上来？""我！""我！"……同学们争相上台。最后，李老师挑了张照，张照高兴得手舞足蹈，潘阳星、于盛上台做监督员。

为了魔术的真实性，同学们建议李老师站到墙角。不一会儿，张照就写好了。李老师转身来到讲台前，教室里顿时安静下来，大家的眼睛齐刷刷地盯着李老师。李老师把几张纸一一摆开，闭上眼睛，用手在这些纸上摸过后，睁开眼，挑出五张纸，肯定地对张照说："这五张不是真的。"张照仔细辨别了一下，给予了肯定。有同学惊叹道："哇，李老师，真厉害！"接着，李老师又找出另外两张写着假生日的纸片。只剩下最后两张了，我瞧了瞧张照，见他一脸的紧张。再看李老师，依然是笑眯眯的，只见他在这张上看看那张上瞧瞧，最后，果断地举起其中的一张："就是这张！"大家一看，果真是那张。我们是既惊叹，又疑惑。

看着同学们一脸的疑惑，李老师笑着说："其实，魔术都是有奥秘的。你们想知道吗？"大家齐声呼喊："想！"李老师开始揭秘了："这个魔术的关键，就在第一张纸上。我撕纸是随便的，把撕的纸叠起来，看似随便，其实是用心的。我选的第一张是正方形中间的这一张，因为这一张四面都是毛面，其余八张至少有一面光面。"听完老师的解释，我恍然大悟，哦，原来魔术就这么简单啊！

听到现在，你明白我们老师的"火眼金睛"是什么了吧？

盆中的舞蹈

# 床底下的怪物

陆澄洁

　　我的床底下住着一个怪物。真的，我不骗你。这是一个专门吃灰尘的怪物。

　　一开始，我根本不相信有什么怪物。它晚上老是"吱吱"叫，我还以为是老鼠呢。一天晚上，我熄了灯，躺到床上，眯着眼睛，假装睡着了，甚至打起了呼噜。怪物又开始"吱吱"地叫了，我想它可能是饿了，要吃东西了。我既期待又害怕它走出来。忽然，我看到两束蓝光从床底下射出，那一定是怪物的眼睛发出的光。我的双手紧紧地抓着被单，呼吸越来越急促。

　　瞧，怪物出来了。它有两只长长的手臂，而且还可以伸缩呢，两只闪闪发光的眼睛，照在墙壁上，太可怕了。我被怪物的样子吓呆了，忍不住尖叫了起来。可尖叫完后，立刻后悔了，心想：我这么一尖叫，怪物会不会来吃掉我呀？这太可怕了，我不得不把头缩进闷热的被子里。

　　被子里越来越闷热了，我竖起耳朵，仔细地听着外面的动静。可奇怪的是，我没有听到任何声音。终于，我鼓足了勇气，决定探出头看一看。我的心跳得更厉害了，像要从嘴里跳出来一样。我把被子的一角掀开，天呀：怪物正在用两只长长的手臂把地上的废纸和角落里的垃圾都装在像口袋一样的嘴巴里，并在底盘伸出一块两个手掌大小的东西，不停地在地上"哧哧"地旋转，所到之处，一点儿灰尘的痕迹也没有了。

啊，原来它在帮我打扫卫生呢！听到我在被子里发出的声音，"小怪物"转过身，用轻柔的声音对我说："小主人，别害怕，我不会伤害你。"它还会说话，真是太有趣了。"你……你是谁，从……从哪里来的，为什么……在我家？"我既害怕，又激动。"我是智能机器人'干干净净'，是李博士发明出来的，专门帮人类收拾垃圾，清洁地面。我们是第一代机器人清洁工。"怪不得有手有脚呢。"那你是怎么来到我的床底下的呢？"我又禁不住好奇地问。"我们这些机器人是用特殊材料制成的，在白天强烈的光线下，我们是隐身的，只有到夜深人静时才出来工作。前几天，李博士选择了你们班的同学来做试验，哪个同学的抽屉最脏，就跟着哪个同学回家，然后帮他打扫。由于我们白天隐身，所以你没有感觉到我是一路跟着你来的。"

啊，真是不可思议，怪不得这几天我的抽屉变得这么干净！"那……那你吃进去的垃圾怎么处理呢？再把它倒出来吗？""不是，忘了告诉你，我们这代机器人是专门靠吃垃圾补充能量的。我们吃进去的垃圾，一部分变成能量供我们消耗，另一部分变成新粒子散发到空气中，与空气中的铅、二氧化碳等废气以及灰尘等杂质混合，变成氧气释放到空气中。你别小看了我这一双手，可灵活着呢！"说着，机器人"干干净净"又扬了扬手臂。

"李博士说过，我们第二代机器人清洁工是专门清扫街道马路的，可以用这双手分拣垃圾，把可回收的垃圾捡出来分类，减少能源浪费。"呵，它连能源浪费都知道！"当然啦，谁叫我们是智能机器人呢！我们不但知道人类所知道的一切，我们还有感情呢，我们最讨厌那些不讲卫生，随便扔垃圾的人了！"

那不是在说我吗？我顿时感到脸上火辣辣的。"对不起，我以后一定改掉这个坏毛病！"

　　说着说着，天亮了。一大早，家里的门铃就响了，爸爸妈妈都不在家，只有我去开门了。我打开门，看见一个戴着眼镜的中年男子。没等我说话，神秘的中年男子先开口了："我是李博士，我是来找'干干净净'的，我从探测仪中得知'干干净净'在你家。""是的，可是……"没等我说完，"干干净净"早已在跟李博士打招呼了："你好，教授，我已经完成了你交给我的任务，可以按时回家了。"

　　"干干净净，你什么时候再来我家？"看着"干干净净"离去，我心里真的有点儿不舍。"我不会再来了，因为我知道你以后不会再随便乱扔垃圾了！再见！"

　　"再见！"我一边不舍地挥着手，一边嘴里喃喃地说着……

022

# 盆中的舞蹈

许程敏

　　冬至过后，家乡的人们便纷纷准备腌菜。家乡的腌菜看起来黄里带绿，中间夹杂着红红的干辣椒，颜色甚是好看。吃起来的味道更是堪称一绝，尤其是腌菜烧猪肉，那叫个爽口、香嫩，简直无法言表。每当有贵客来临，妈妈总要烧上满满一锅，好让我们尝个够。

　　今天是星期五，刚吃过晚饭，妈妈便忙开了。只见她挑来一担晒得黄黄的长梗大白菜，一棵一棵有顺序地排列在大木盆中，又往盆中撒了一些盐，放了干辣椒，撒上胡椒粉。那娴熟的动作看得我眼花缭乱。

"建华，"妈妈喊了一声，"准备好了。"

"唉，就来。"刚洗完脚的爸爸应声而来。

"敏，给我拿两个干净的塑料袋。"我随手拿了两个递给爸爸。爸爸把塑料袋套在脚上。我惊讶地问："你干吗？""踩菜。"爸爸头也不抬地说。曾经吃过的那些美味的腌菜，难道都是爸爸用那双臭脚踩的？这下，我可不放心了，便赶紧又拿来几个塑料袋套在爸爸的脚上。再看他，裤腿挽得高高的，脚上套着红红绿绿的袋子，那样子真滑稽。要是再戴顶破帽子，就活脱脱一个济公和尚了。

爸爸把双脚从椅子上小心地挪到盆里，费力地直起笨重的身体，木盆顿时响起了"嘎吱"声。他抬起一只脚，另一只脚则用力地往下一踩，身子也随着脚的移动左右摇摆。"沙沙沙……沙沙沙"，塑料袋发出了一阵阵悦耳的声音，好像在为爸爸伴奏。爸爸的脚时而重，时而轻，时而缓，时而急，塑料袋也不时变换着调子，踩菜的爸爸似乎也陶醉了。他闭上眼睛，嘴里小声地哼着"一、二、三……"，时不时还打着转儿。真想不到，整天与庄稼打交道的爸爸竟有这么好的乐感。

我看得入了迷，情不自禁地喊道："爸爸，好玩吗？"

"当然好玩，不信你来试试？"

我一听乐了，急忙找了塑料袋套上脚，迫不及待地蹦入盆中。"呀！"冰冷的菜汁隔着塑料袋，冰得我倒吸了一口冷气。我正要打退堂鼓，爸爸说："既来之，则安之。像我这样，使点儿劲，全身就暖和了。"

我听了，只好硬着头皮挪动着双脚。踩着踩着，我似乎找到了感觉，便像爸爸那样转了起来。大大的木盆容下我们俩，显得小多了。我不时踩到爸爸的脚趾，爸爸也不时故意用宽大的脚掌磨磨我的小脚丫。我们在盆中转着、笑着。

　　"沙沙沙……吱吱吱"，多像一支和谐的交响乐。正当我们沉迷在这支美妙的乐曲时，突然，"嚓"的一声，我和爸爸吓了一大跳，异口同声地说："是不是木盆坏了？"再一看，糟糕！盆里那些黄绿的菜汁正不停地往外流，不一会儿便成了一条小河。

　　虽然这场"盆中舞蹈"在妈妈的数落声中匆匆结束，但它留给我的却是美好珍贵的回忆。

# 饿的初体验

潘文婧

024

　　从小到大，我们总是吃得好，穿得暖，可是今天我却真真切切地体验了一回"饥肠辘辘"的滋味。

　　话还得从早上说起，不知道是身体里哪个器官闹起了别扭，早上我一点儿食欲都没有，只好勉强喝了两口粥应付了事。

　　刚进教室，我就感觉肚子里的食物已经消化完了，整个肚子空荡荡的，还不时发出"咕咕"的叫声。天哪，这么早就唱"空城计"，肚子啊肚子，你可得守住阵地呀！

　　"咕咕……"第一节下课，一阵阵饿意袭来，拍着空空如也的肚子，听着"咕咕"的伴奏声，我后悔莫及：唉，早上多吃几口该多好啊！现在还有两节课呢，我可怎么挺得住呢？正想着，第二节课的铃声敲响了，此时的我早已身在教室，心在他处了。想象着自己放开肚子饱餐一顿的情景，心里更是悲呀！"人是铁，饭是钢，一顿不吃饿得慌。"现在我才发觉这句话真是太有哲理了。

"咕咕……"肚子唱得越来越响亮，越来越频繁了，似乎恨不得让所有的人都听到它的"呼喊"。我渐渐感觉到自己四肢无力，整个身体软绵绵的。接到老师提醒的目光，我赶紧重新挺了挺身子，可不一会儿，刚坐直的身体又不自觉地趴下了。

"咕咕……"时间过得怎么那么慢啊？我一边埋怨，一边扳着手指头算着下课的时间。伴随着"咕咕"的"抗议声"，我终于熬到了吃午饭的时间。

好不容易拿到了饭碗，我看着手中的饭菜，此时觉得它们是那么可爱。我狼吞虎咽地吃着，那个香呀……

这次饿的初体验让我再也不敢小看粮食的力量了！

# 我的人生第一菜

杨雅琪

平时，都是老爸开车送我上学，自从那次和老妈骑自行车去上了书法课以后，我的双腿一直在疼。我也纳闷：路并不是那么遥远，我却累成这样，是我的车子破，还是像老妈说的，我四肢不勤，严重缺乏锻炼呢？

不管怎样，一个"累"字已给了我切切实实的感受。老妈每天上下班都要骑一个小时自行车，难怪她每次回来先问我饿不饿。我要是回答"饿"，她赶紧炒菜做饭；我要是说"不饿"，她便说："那咱们凑合吃点儿，就当减肥了。"我终于明白，其实老妈并不是真心想凑合一顿饭，而是她骑车回来实在是太累了呀。很惭愧，我虚岁都12了，仅煮过几次方便面。老妈不在家时，我不是找点儿剩饭吃，就是死等。今天，我突然想为老妈炒一个菜。

冰箱里有鸡蛋，我又找到一个西葫芦和西红柿，老妈平时做菜最喜欢混搭，那我就西葫芦加西红柿炒鸡蛋吧！可切成什么花样呢？我认为丁比较好看。我小心翼翼地摁着菜刀，把一个西葫芦切完，我的手指都僵硬了，切菜可真费劲呀。

然后我开火放油，一会儿锅里的油乱溅起来，我吓得躲得老远。终于不响了，里面又冒起烟。"是不是油好了？"我自言自语着，然后"啪，啪，啪"打了三个鸡蛋进去。没想到我因手忙脚乱，导致我的手上、锅边上、灶台上，到处都沾上了蛋液。哪顾得上这些，因为鸡蛋已经变了颜色，我赶紧搅几下，盛出它们。锅里还有不少油，那就不加油了吧。我直接把西葫芦和西红柿倒进去，又是"哗"的一声巨响。我想，炒菜可真是处处充满了危险。我弓着身，尽量让自己躲远一些，手抓着铲子把儿，手伸老远才能搅到锅里的菜。

什么样才算熟呢？我不住地品尝，终于觉得可以吃了，才把鸡蛋倒进去。我把菜盛出来装盘，摆桌，红黄绿，卖相似乎还不错嘛！我心里一下子充满了自豪。

老妈提着热馒头回来了，她看到桌上的菜都惊呆了。在确定家里只有我一个人后，她那又惊又喜的样子，我可是头一回见呀！她迫不及待地尝一口菜，无比震惊地说："好好吃，饿死我了，这可真是世界上最好吃的菜！"

我急忙挡住老妈夹菜的手："等等，我先拍个照，发了朋友圈你再吃，这可是我的人生第一菜啊！"

# 美 的 真 谛

海恩来

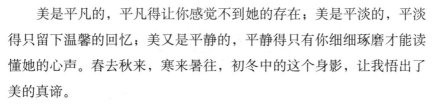

　　美是平凡的，平凡得让你感觉不到她的存在；美是平淡的，平淡得只留下温馨的回忆；美又是平静的，平静得只有你细细琢磨才能读懂她的心声。春去秋来，寒来暑往，初冬中的这个身影，让我悟出了美的真谛。

　　看！树叶飘落，寒风萧瑟，我独自在铺满落叶的大街上散步，心出奇的安静，波澜不惊。两排早已枯黄的树延伸到路的尽头，周围的一切都笼罩在白茫茫的雾里，似乎披上了一件透明的轻纱。咦，前方的路面怎么那么干净？谁扫的？我心中有一连串的问号。"唰——唰——"扫地的声音打破了这寂静，我顺着声音望去，原来是一位阿姨。她五十来岁，脸色蜡黄，两鬓斑白，额上布满了一道道皱纹，一双眼睛仍然炯炯有神，饱经风霜的脸上露出了一丝笑容。

　　"呼——呼——"一阵阵寒风怒号着，可清洁工却只穿着一件单薄的红色工作服。她的手冻得通红，手里握着扫把，用力地扫着，扫着……满天的灰尘在空中弥漫，都被她吸进嘴里了。不一会儿，这条长长的马路便被清扫得干干净净，落叶、纸屑、泥沙堆成堆。顿时，犹如长龙的街道到处光彩照人。"马路天使"的身上、脸上却沾满了灰尘。

我赞美清洁工人，他们为四化建设贡献力量，他们美化了环境，他们值得人们的尊敬！他们是世界上最美的人！

生命如花，芳香四溢，当你的生命为他人绽放朵朵鲜花、增添丝丝温暖时，你的生命也会有芳香的气息，那定会是沁人心脾的芳香……当你凝视那些善良的生命，你会发现他们的生命是在静悄悄地绽放，把芳香留给了世界。世上最美的不是人的外貌，也不是华丽的服饰，而是人的心灵。舍弃自私，选择高尚；舍弃小我，才能完成大我。

# 爱 和 阻 力

王亦清

028

周末休息，我回到了乡下的奶奶家。这天我写完作业，便央求奶奶带我和姐姐去镇里的集市上玩，我们三个人推了一辆小三轮车就出发了。

天刚下过雨，空气格外清新，我和姐姐就像两只出笼的小鸟一样快乐地穿行在乡间的小道上。我俩商量好轮流驾驶三轮车，还邀请奶奶也坐到车上来，可奶奶就是不答应，只是紧紧地跟在我们后面，快步走着。

骑过一段泥泞的小路，我谨慎的心情放松了，开始用力地踩着踏板，想让小三轮车飞驰起来。可这时，我感觉车子像是被一根绳子拖住了，怎么也骑不快。我扭头一看，原来是一直跟在后面的奶奶像老母鸡护小鸡一样用手紧紧地拖住了车子。我不由得懊恼起来，愤愤地说："奶奶，您放开手，否则我就骑不快了。"不料奶奶笑着回答："就是不让你骑太快，乡下小路不平坦，有很多坑，又刚下过雨，骑太快危险！"我根本听不进去，继续用力地踩着踏板，可是无论我用多大的力气，三轮车还是被奶奶牢牢地拖住，我只得暂时放弃与奶奶对着干，慢慢地蹬着车子。

过了一会儿，我感觉奶奶抓着车的手放松了一点儿，我逮住了机会，狠命地蹬了几脚踏板，三轮车挣开奶奶的手飞快地向前冲去。"慢点儿！慢点儿！"奶奶在后面一边追，一边大声喊着。

我和姐姐获胜般地哈哈笑着，没想到前面突然出现了一个大坑。天啊，已经来不及避让了，我紧张得心怦怦乱跳，坐在后面的姐姐也哇哇大叫起来。就在这紧要关头，三轮车却奇迹般地停住了，原来是奶奶匆匆赶到并用双手死死地拽住了绳子，拖停了车子。

奶奶狠狠地批评了我，我羞愧地低下了头，这时我才深深地体会到奶奶的关心与爱护。长辈的爱有时可能是我们"勇往直前"的阻力，可那是阻止我们朝错误的方向越滑越远，如果我们不听劝告，任性行事，那么就有可能"吃亏在眼前"了。

029

# 妈妈的爱有点儿"土"

徐严艺

妈妈很爱我，对我也很关心，只不过她爱我的方式有点儿

"土",有时真让我难以接受。

记得我上幼儿园的时候,有双布鞋穿得略微小了,正好夏天来了,妈妈就找来剪刀把鞋的前面剪了两个洞,脚指头露出来了,还能顶凉鞋穿,穿在脚上也很舒服!

到了幼儿园,阿姨们都围过来看我这特殊的凉鞋,又凉快,又舒服,还摔不倒,都夸妈妈独具匠心,还说,这样的凉鞋还真不捂脚呢!但夸归夸,我可从来没见过第二个人穿我这样另类的凉鞋,记得当初,小小的我还真感到荣耀呢,可现在想一想,唉,真叫人难为情啊!亏我的妈妈还是上班族呢!

我感冒了,妈妈总是找来刮痧用的小铜钱,在我背上刮来刮去,疼得我直掉眼泪,大声叫喊,妈妈也不为所动。有一次,我们去了亲戚家,我又发烧了,可亲戚家没有刮痧用的小铜钱,怎么办?妈妈灵机一动找来了一把铜勺子在我背上刮了起来,还别说,这土办法真管用,没两天,我的病就全好了。妈妈说,是药三分毒,所以她总是很少让我吃药。而刮痧疗法是祖国传统的物理疗法,没有任何毒副作用,它还能活血化瘀,疏通经络,清热消肿,增强免疫功能呢!因为这种土办法在我身上屡试不爽,妈妈自豪地称这种刮痧疗法为"绿色"疗法!

我的衣服总是赶不上时髦,妈妈不是让我穿她的旧衣服就是让我穿表姐换下来的衣服,只有过年才破一次例,我才得以闪亮一回。我心里真是又气又恨,可妈妈却振振有词地教育我,小孩子家嘛,不要讲究吃穿打扮,干净整洁就行,否则会分心影响学习的!因为我的衣服不是大点儿就是小点儿,反正总是不太合身,为此我们班的同学都私下叫我"老土"呢!

可我知道,妈妈是爱我的,虽然她对我的爱真的有点儿土,但随着年龄的增长,我也深深地理解了妈妈那土土的爱。

## 我的梦幻田园

早上，我会到园子里看看盛开的花朵，闻闻花果散发出来的清香；中午，我会一边乘凉一边吃着顺手摘下来的葡萄、香瓜或黄瓜；夜晚，我会坐在藤下看星星，听蛐蛐欢快的鸣叫。

# 可爱的邻居

高旖点

从乡下外婆家避暑回来，我冲到楼上，准备好好地洗个澡。可是打开水龙头，竟然没流出一滴水，不会停水了吧？我和爸爸妈妈大眼瞪小眼，无可奈何！

这时门外响起了敲门声，开门一看，是邻居王阿姨。她笑着说："我一直在等你们呢！今天停水啦，要到明天上午十点钟才能够来水。怕你们不知道，所以我给你们灌了一大桶水储备着呢！今天洗澡就到我们家去，那桶水明天早上再用！"太好了，我感激万分，这可真是雪中送炭呢！

我飞快地跑到王阿姨家，准备洗澡。可是，一进卫生间，眼前的景象让我目瞪口呆：只见卫生间摆满了大大小小的桶，桶里都装满了水，连水槽和浴缸都装满了水。怎么会这样？不是只停一天水吗？为什么要储存这么多呢？我的心中充满了疑惑。

洗完澡后，王阿姨家来了两位客人，是楼上的李阿姨和孙奶奶。只见她们一个捧着大西瓜，一个拎着葡萄，对王阿姨说："哎呀，今天幸亏有你，通知我要储备点儿水，不然的话，今天回到家就麻烦了！""是啊，你放在我们家门口的那桶水，可真是解了燃眉之急啊，真是太感谢你了！"王阿姨笑着说："没事没事，我们是邻居嘛！俗话说远亲不如近邻，大家就应该互相帮助的，何况这只是举手之劳。谢什么呀！"

听了她们的话，我才恍然大悟。原来王阿姨在知道要停水的消息之后，就连忙打电话通知了邻居们，对于通知不到或者有要紧事的邻居，她就主动地帮忙储水了。卫生间里的大大小小桶的水，都是为邻居们准备的啊！

我转过头，看着王阿姨，她的脸上透着一抹红晕，那双大眼睛显得格外地生动、有神。柔和的灯光照在她清瘦的身上，正散发出迷人的光辉！

# 麻！辣！烫！

吴桐雨

033

一提到麻辣烫，我的话就多了！

红辣椒加上各种调料和骨汤一起在锅中翻滚，腾腾水汽中涌出的香味随风送到众人的鼻尖，又麻又辣，不由得让人食欲大开。不信？来瞧瞧！

## 麻

星期天晚上，妈妈带我去吃麻辣烫，我兴奋不已，迅速穿好衣服，出发！不知不觉到了钻井，一阵阵忽聚忽散的香味飘入鼻中，我肚里的馋虫开始蠢蠢欲动，口水也开始迫不及待地往上翻涌。我们点好各自最爱吃的东西，很快服务员就端了上来，一串串好吃的东西浸泡在红油里，上面漂浮着麻麻的花椒，那汤红得鲜亮，那青椒又绿得青翠，光看着就让人食欲大开。我拿起一串最爱吃的，轻轻咬了一小口，舌头一下全麻了。我赶紧喝了一大口水，以解燃"舌"之急，这麻辣烫的麻还真不是盖的，麻劲十足啊！

## 辣

除了麻，当然更少不了辣。满锅的辣椒，把汤也染得通红，让人望而生畏。不过，看起来虽恐怖，吃到嘴里却是别有风味，不仅辣，而且辣得爽快，辣得醇香，那辣味从口中钻入肚里，就如一股热浪奔涌而下，那感觉，就像吃了炫迈口香糖——根本停不下来！我小心翼翼地拿了一串，咬了一口，开始只是红油的香味，紧接着麻麻的，再后来辣辣的，辣得我浑身冒汗。真是又过瘾，又刺激，又痛快！

## 烫

我这只小馋虫受不了食物的引诱，狼吞虎咽地吞下一块滚烫的豆腐，烫劲儿顺着食道蔓延，烫得我的肚子火烧火燎，像个大火球似的，好像孙悟空正在我的肚子里耍杂技，生疼生疼的。我捂着肚子，眉头紧锁，妈妈站起来，摸着我的肚子，问："怎么了，烫着了？赶快喝口凉水！""别动，别动！"我感觉只要一动，烫劲儿就会更加顽皮地在我肚子里翻滚，真是心急吃不了热豆腐。

趁着那股烫劲儿，把麻和辣发挥到了极致。据说吃麻辣烫不仅能暖胃暖身，还能祛除湿气，不愧是一大传统名吃！

# 妈妈的童年

仝一涵

童年是春天的小草，充满生机；童年是清晨的阳光，灿烂而明媚；童年像一个万花筒，多姿多彩。妈妈的童年是什么呢？

妈妈说，她的童年是一根长长的橡皮筋。放学后，刚放下书包，就和小伙伴们一起来到屋后的空地上跳皮筋。她们唱着有趣的歌谣，迈着轻快的脚步，在皮筋中快乐地来回穿梭。我仿佛看见了她们开心而灿烂的笑容，听见了她们银铃般的笑声。

妈妈说，她的童年是一条清澈的小溪。吃完晚饭，就抱着一大盆脏衣服走到小溪边洗衣服。搓呀搓，洗呀洗，妈妈的手都被搓红了。我似乎看到了她脸上的汗珠，看到了一件件被洗干净的衣服。当天空快要披上黑色的礼服时，妈妈才抱着一盆衣服回家了。

一道道数学难题也是妈妈的童年。做作业时，总有好几个小伙伴凑在一起做。遇到难题时，大家争得面红耳赤，互帮互学，分享着学习的快乐。小院里溢满欢乐的笑声。

妈妈的童年还是一颗颗枣子。每到秋季来临时，妈妈就和小伙伴们上山摘枣子。有人摘到了红红的枣子，有人只摘到了青绿色的枣子；有人为摘枣子把衣服划破了，有人甚至把手指划破了，但她们很享受那美好的时光。

妈妈的童年没有很多的零食，没有电视，更没有电脑，却能享受到大自然的快乐。我的童年，虽然有好吃的零食，各种各样的高科技产品，但看不见那长长的橡皮筋和那一颗颗或红或青的野枣子，听不见小伙伴们为了一道难题激烈的争论声和小溪的流水声——妈妈的童年简单快乐而又绚丽多彩。

# 读书也有"四味糖"

王思仪

036

我，就是一个小书虫，我和书的故事就像"四味糖"。何谓"四味"呢？就是酸甜苦辣四味啦。为什么这样说呢？看完下面的文字你就知道啦！

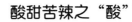

## 酸甜苦辣之"酸"

说到酸嘛，有一次，我在家里看书，妈妈唤我："王思仪，吃饭啦！"我正被书中的精彩情节吸引着，根本没在意妈妈说什么，只是"哦，哦"地应付着，但脑子还遨游在书的世界。过了两分钟，妈妈又叫我了，这次"河东狮吼"声拖得很长。"啊！来了来了！"我还在津津有味地"啃书"，但又怕妈妈"怒发冲冠"，只好囫囵吞枣地看完了那篇故事，恋恋不舍地放下书，去吃饭了。真有点儿意犹未尽的酸啊！

## 酸甜苦辣之"甜"

　　来点儿甜的？没问题！一次，我在《新作文》上学到了好多优美的语句和词语。我想：书上有这么多好词佳句，不如摘抄下来吧，以后写作文好处多着呢。于是，我找来一个本子分成好几部分，一下子龙飞凤舞地摘抄了好多好词佳句。后来，这些优美的比喻句、词语不断地在我的作文中"现身"，也使我的作文在杂志上发表了。那时，我心里跟喝了蜜一样甜！

## 酸甜苦辣之"苦"

　　苦嘛……记得暑假时，我在奶奶家很无聊，电视上也没有我喜欢看的节目，我就问奶奶有没有书看，奶奶从一个抽屉中随手抽出一本书来给我。我才看了几页就觉得很乏味，有点儿看不懂，"先令""法郎""英镑"等"国外单位"，我都不知道面额值多少人民币，再加上一些复杂的语句，我就更不能透彻地读文章了，想把文章读得如痴如醉、浮想联翩，更是望尘莫及了，顶多囫囵吞枣"吞"下文章。这种感觉让我在书面前显得很渺小，真是有种不言而喻的苦啊！

## 酸甜苦辣之"辣"

　　辣？记得还是暑假，我去书店看书，拿起一本《故事会》，书中的故事情节起伏跌宕，有时让我兴高采烈，有时让我牵肠挂肚，有时又让我黯然神伤。再配上一些搞笑的小段子，更是令我备感充实。就在这时，书店老板把一个包裹的绳子解开——他在拆包裹取书。突然"哗"的一声，书不听话地散了一地。也许是生气，书店老板看到一旁读书读得津津有味的我，一把将书抢了过去，说："看了这么长时间还看！"我吓了一跳，缓过神来，只好讪讪地走了。唉！真是有种不知名的辣呀！

怎么样？你"吃"出这"四味糖"的"四种味"了吗？

# 感冒的自白

康梦洁

亲爱的人类，我叫感冒，我可是很乐意和你们做朋友的！如果真的有一天我们相遇了，我会送你们三件大礼。

第一份大礼：流鼻涕。白的，黄的，清的，浊的，品种齐全，倾情奉献，还超值赠送"面条"，只要你们愿意，人类缺粮的问题也能顺便解决啦！

第二份大礼：咳嗽。我会让你们早上咳，中午咳，晚上咳。咳，咳，咳！一刻不停。

最后一份大礼是发烧。哪怕把大脑烧成短路，把你们变成无忧无虑的人，我也能做到！当然了，我们的礼也不是这么好收的。

第一：你们不是喜欢甜吗？我偏要给你苦！——吃药去！你们不是怕疼吗？我偏偏让医生把长长的针管伸进你们白白嫩嫩的皮肤里！——打针去！

第二：你们父母不是喜欢省吃俭用吗？我偏偏让他们为你们大把大把地花钱。怎么贵，怎么来！

嗨嗨！不要慌，不要慌，还有第三呢！你们不是最喜欢听老师讲课吗？我偏让你们缺课，不让你们去学校读书，让你们在药罐子中成长。

可是万万没想到的是你们不收礼也就算了，居然还敢恩将仇报，对我们实施令人发指的犯罪！

第一宗罪是吃大蒜。说起这大蒜来，你们是吃着香，我们闻着可臭了，更可怕的是里面居然还潜伏着对付我们的天敌。面对死亡的威胁，我们只能长叹一声：壮志未酬身先死，长使英雄泪满襟。

第二宗罪是勤洗手。一听到水声我就想吐！你们人类真是虚伪，居然连洗手都能玩出这么多花样。第一步是把手淋湿，包括手腕、手掌和手指。第二步是双手擦上肥皂，搓洗双手之手心、手背、手指、指尖、指甲及手腕最少要用二十秒。第三步是用清水将双手彻底冲洗干净。最可恶的就是这第四步"捧"了。在关水龙头之前，先捧一把水把它冲洗一番。这招对我们来讲可谓是斩草除根。本来我们想，等你们洗好手之后，只要再碰一下水龙头，我们就神不知鬼不觉地再次把你们污染了。但是有了这一手之后，我们只能喝西北风了，眼睁睁地看着你们把手擦干，扬长而去。

第三宗罪是常通风。我们本来就弱不禁风，必须依附在尘埃上随空气行走，而且我们的力量也微弱，单个的我们是不能把你们怎么样的。你们这么一通风，我们就只能落荒而逃了！

不过，你们人类也别得意。只要你们稍一松懈，我们就会卷土重来的！

039

# 肚子发出了"求救信号"

陈一鸣

中午，我看到丁翊航急匆匆地跑到校门口的小摊前，买了一包金黄色的牛板筋。"哇！牛板筋！我的最爱！"我忍不住在心里叫起来。只见他抓了一大把牛板筋就往嘴里塞，腮帮子顿时鼓得像一只青蛙。我的口水也情不自禁"飞流直下三千尺"！丁翊航好像看出了我的心思，"大方"地给我撕下了橡皮大小的一块。我毫不推辞，忙把那点儿牛板筋放入嘴里，啊！顿时满嘴留香，那香味一直钻进了我的心窝里。一眨眼的功夫，牛板筋就被我消灭了。真希望那香味在我嘴中逗留的时间能长一些啊。

整个下午，我都在回味着牛板筋的味道，并"预谋"着下午向爷爷要钱买。当然了，直接向爷爷要钱，爷爷是肯定不会让我买这类"垃圾食品"的，所以我要"曲线救国"！放学后，我急匆匆地跑到爷爷身边，哀求道："爷爷，我的肚子在唱'空城计'了，您发发慈悲，给点儿钱让我买东西吃吧！"爷爷早就领教过我的这套路数，毫不心软，决不纵容，严肃地说："是不是又想买垃圾食品？""不会，不会，我只买……买个鸡蛋饼填填肚子！"幸亏我早有准备。"好吧，给你一块钱。"爷爷"小气"地掏出了一元钱。我见状，抓起钱，一溜烟儿跑到小摊前。我用"鹰眼"扫视了一遍小摊，很快就捕捉到了牛板筋，看着那一根根金黄色的辣条，我那不争气的口水又流了出来。这回终于可以美餐一顿！我买了一袋，猛地撕开包装袋，一口把牛板筋塞到嘴中，像猪八戒吃人参果一样，还不知道什么味道，牛板筋就已经没了。可是，晚上，不幸的事发生了……

哎哟！肚子发出了"求救信号"，肚子里翻江倒海，就像有座火山在我的身体中不停地喷发，肝肠脾肺都燃烧了起来。我几乎每一分钟都要去一趟卫生间，妈妈只好带我去了医院。医生问："你今天吃了什么东西？"我把吃牛板筋的事情告诉了医生。"以后不要再吃这些垃圾食品了！这里面有无数的细菌！"我真后悔！我在心里发下誓言，以后见到垃圾食品，看也不看一眼，走！

# "最惨"排行榜

田娇荻

桌椅和清洁工具是教室里最常见的物品，但同时也是同学们触手可及的"被欺负者"，被整得惨不忍睹，具体惨到了什么程度，就让我来列一个"最惨"排行榜吧。

位居排行榜季军的是课桌。作为为我们无私奉献多年的老朋友，到头来却落了个"满脸花"的悲惨下场。无论是我们还是早已毕业的学长们，都不知在它们原本干干净净的"面孔"上留下了多少印记。有画山水花鸟人物的，有在上面写字的，还有把桌面当成草稿纸，在上面演算"哥德巴赫猜想"的，真是"小小课桌，无奇不有"呀！这些"艺术作品"也许具有一定的欣赏价值，但画错了地方，毕竟，课桌不是一张适合涂鸦的画布，而是学习的辅助工具。它一直任劳任怨地为我们服务，却惨遭"毒手"，实在令人痛惜呀！

位居排行榜亚军的是椅子。大部分椅子"腿脚不灵"，旧的呈现"老弱病残"之态，新的在天长日久的摧残中，也"未老先衰"了。可不是吗？下课了，同学们追逐打闹，围着椅子跳上跳下，遇到开心的事，便一个箭步蹿上椅子，高呼"万岁"。更有些同学还把椅子当作了"出气筒"，心烦气躁时，便施以拳脚，椅子们"柔弱"的身躯哪能承受住这般"毒手"？

"最惨"排行榜上的冠军就是清洁工具——扫把和簸箕。它们刚来到班级时，个个崭新漂亮，甚至能参加选美大赛，但经过我们之手，全都变了样。先说说扫把吧。"丁零零——"下课铃响，教室里立刻生龙活虎起来：这边"扫把大战"热火朝天，那边扫把"脑袋搬家"，拆下来的扫把头就是现成的"无敌手榴弹"，还有音乐爱好者把扫把当"吉他"用……扫把们可经不起如此折腾，没过几天就光荣"下岗"了。簸箕的遭遇也好不到哪儿去。下雪了，美丽的雪花漫天飞舞，对于同学们是最幸福的时刻，而对于簸箕却是"大祸临头"之时。一下课，学校的操场就变成了硝烟弥漫的"武林盟主争霸赛"现场。簸箕变成了"战斗型滑板"，同学们一只脚踩在簸箕上，另一只脚不住地蹬着地，开始向"敌人"发起冲锋。同学们玩得兴高采烈，意犹未尽，簸箕在地上"吱呀"作响。如果簸箕会说话，我想，此时它们一定在痛苦地大喊："疼啊疼啊！饶了我吧！"唉，怎一个"惨"字了得！

这就是惨不忍睹的"最惨"排行榜。多么令人心痛的现状啊！古人云："勿以善小而不为，勿以恶小而为之。"我在这里要为教室里受压迫和摧残的桌椅和清洁工具鸣冤，让我们一起保护它们吧。

# 假如我是一条小溪

徐琪薇

哗啦啦，哗啦啦……草坪边一条欢快的小溪踏着石头前进着，嘴里还哼着歌呢。那就是我——一条勇敢的爱音乐、爱探索的小溪。

哼着小曲儿，我走进了石缝里，开始了每天都必不可少的游历。像往常那样，我走进黑漆漆的洞里，里面密不透光，而且还有许多狭窄的岔路口，就像迷宫一样。不过我可是一条永不退缩、无孔不入的小溪，只要有孔，不论多小我都一定钻得过去！通过我的努力，终于，一缕缕耀眼的光芒向我冲来。这次游历锻炼了我的意志力。我唱着歌，悠闲地散起了步。忽然，我看见了一群蔫头蔫脑的花草，见它们都无精打采的，就上前去问了个究竟，原来是因为今天的太阳实在是太热了，而且它们的养分也不够充足。于是，我拿出奉献的精神，将自己的一部分撒给了它们，给予了它们充足的养分。花儿对我微微笑，随风摇摆，幽幽的清香也随之散发出来。小草冲我点头，换上了一身鲜亮的绿衣裳。还有那些被太阳烤得干巴巴的泥巴也恢复了原样，又像往常一样开始了输送养分的工作。

忽然，一阵湿润的微风从我身上掠过，我想：一定是老天爷知道了我做的好事，给我一份特别的礼物。果然，不久后，一场倾盆大雨从天而降，一个个新同伴蜂拥而入，加入了我的小溪家族。

043

我的梦幻田园

哗啦啦，哗啦啦……我一如既往地哼着我的歌，边唱边欢乐地前进着，我可是一条奋勇向前的小溪呢，是不会停止脚步的。前面的路我一定会经历更多有趣的故事！

# 一机在手，万事无忧

俞沛谦

购物越来越成为了人们的新时尚。然而在购物的同时，支付也成为了一项难题。

还记得我小时候，每当要买东西的时候，父母随身总是带着一个鼓鼓囊囊的钱包，在外面付款时都要在钱包中翻好久才能找到合适的钞票，有的时候一打折，商店甚至还要把几角几分找给我们，那时候一把硬币放到我手上，一不小心滚掉几个，这么小的一个硬币找的时候那边一个这边一个，不知多麻烦啊！

渐渐地，随着经济的发展，支付就由原来的现金变为了刷卡。

从那以后，几乎大多数人都成为了"卡卡族"。大包小包里少不了那一张张各式各样的卡：信用卡、健身卡、美容卡、饭卡……他们在每张卡里都会存上一定数额的钱，以便消费的时候可以支付。可是由于卡太多了，一不小心可能就会掉了，麻烦得很，而且有些卡在钱包里放久了，磁性便会慢慢地消失，等到要用这张卡时，里面的钱刷不出来，找谁评理去都没用，只得去指定地方重新办理，麻烦！

在科技高速发展的现在，渐渐地，卡也被淘汰了，我们开始使用更先进、快捷的支付方法——手机支付，在手机上，我们只要动动手指头，银行卡里的钱便会飞到店主的手里，换来的便是我们心仪的商品，支付宝、微信、QQ……许许多多的APP都可以用来实现转账、发红包等支付功能，让我们用得放心、用得省心，我们再也不用担心卡因消磁而无法付款、零钱太多钱包装不下等等让我们烦恼的琐事。

手机支付的时代已经来临，让我们紧跟潮流，大声喊出：一机在手，万事无忧！

# 我的梦幻田园

马胤龙

045

我梦想有朝一日能够拥有一个田园。首先，我会在园子的四周围上竹栅栏，以防止那些到处乱跑的宠物们进里面捣乱和破坏。其次，我计划着把园子由外到内分成"五环"来规划种植。

最外面的是"五环"，我准备种上我最喜欢吃的甜秆儿和向日葵。到时候一边吃着甜甜的甜秆儿，一边观察金黄的向日葵花是如何向着太阳生长的，那将是一件多么惬意的事情呀！

在"四环"里，我准备种上我最喜欢吃的、诱人的、鲜美红嫩的、果肉多汁的草莓和色泽鲜艳、晶莹美丽、红如玛瑙的樱桃。

在"三环"里，我准备种一些放心的，没有化肥、农药、激素和转基因的蔬菜，比如：小白菜、香菜、生菜、水萝卜、西红柿、韭菜、茄子、豆角……

在"二环"里我准备种上适宜北方生长的各种各样的瓜类，比如：又大又圆的西瓜、喷香诱人的香瓜、味道甜美的哈密瓜、黄黄胖胖的南瓜、甜甜面面的倭瓜……

园子的最中心就是"一环"了，也是我准备精心设计的最重要的地方了。在"一环"里，我计划种植五排藤架搭建成一个"倒U型"的绿色凉亭。这五排藤架分别是：一排葫芦架，一排葡萄架，一排苦瓜架，一排黄瓜架，一排牵牛花架。在架子下面我想用最大的南瓜做桌子，用西瓜做凳子。早上，我会到园子里看看盛开的花朵，闻闻花果散发出来的清香；中午，我会坐在藤架下一边乘凉一边吃着顺手摘下来的葡萄、香瓜或黄瓜；下午，放学后我会在藤架下写作业和读书；夜晚，我会坐在藤架下看星星，听蛐蛐欢快的鸣叫。晴天的时候，我会坐在藤架下面弹琴或吹笛子；雨天的时候，我会躲在藤架下面看着雨水滴滴答答顺藤而下，闭上眼睛呼吸雨中那清新的、沁人心脾的空气。

让我们来一起畅想吧：在阳光的照射下，花儿盛开，蝴蝶飞舞，瓜果飘香，多么美的梦幻田园啊！为了早日实现我的田园梦想，我一定会加倍努力学习，扎实打好基础，积极向上进取的。到时候欢迎大家来参观我的梦幻田园，来品尝我亲手种植的瓜果蔬菜呀！

# 最美下雨天

秦菲妍

每个周六，都是我极度悲催的日子。为什么呢？因为这天妈妈要强迫我去跳可恶的民族舞。每一次劈叉，都把我的韧带撕得生疼，每一次下腰，骨头都要咯吱作响。对此，我只想说四个字——蓝瘦！香菇！（难受！想哭！）

这不，妈妈又在隔壁窸窸窣窣，看样子又得"闻鸡起舞"，承受痛苦了。所以呢？我现在唯一能做的就是拖，拖，拖，一直拖到11点20分我就活下来了。赖在床上，装作熟睡的样子，偶尔配合着发出一两声呼噜。

"轰"，一声闷雷响起，激动得我阵阵窃喜。响些，再来一次，"轰……"再大声些，"啪啪……啪啪……啪啪啪啪……"闪电，来吧，来吧，划破长空，下一场倾盆大雨吧！

嘿嘿——嘿嘿，真是天助我也！

我立马翻身起床眺望：果真是画风突变啊，刚才还是阳光明媚，转瞬就乌云密布了。远远地听到了"哗哗哗"的雨声，渐渐地，声音越来越大，落到屋顶上，"啪啦啪啦"！落到地上，"唰啦唰啦"！

娇艳的指甲花经不住大雨的欺凌耷拉下了脑袋。草儿跳着忧伤的舞蹈，狂风暴雨为它伴奏。笔直的避雷针在风雨中摇摇晃晃，差点儿就"咽气"了。大树没法经受这样的折磨，早已屈服，弯下身子给风雨雷电深深地鞠了一躬。闪电继续愤怒地咆哮，吓得窗户瑟瑟发抖，吓得鸟儿不敢吱声，吓得我可爱的妹妹哇哇大哭……

望着眼前的这一切，我没有半点儿害怕和怜悯，心里喊着：大些，再大些，让暴风雨来得更猛烈些吧！永远不要停，永远不要停……甚至我心里还在幻想，妈妈今天是不是就不回涪陵了，我是不是就不用去跳舞了？雨后树林里的菌子是不是又跑出来了？

"秦菲妍，快点儿收拾东西，要走了。"一阵刺耳的声音打破了我天马行空的想象。隔着阳台，我着急回应："妈妈，怎么办呀，怎么办呀？这么大的雨走不了了。"

"那就等会儿吧。"显然她有些担忧。

"轰……隆隆……嚓嚓……嚓嚓……"雷声一声比一声响亮，闪电细而明亮，狂风卷集着树叶四处逃窜，柳条靓丽的秀发随之散乱。哈哈哈，只要不去跳舞，一切都是那么美妙！

"妈妈，都11点20分了，你看还是下周去吧。"我弱弱地询问。

"嗯……"她点了点头，表示默许。

嘻嘻——作战成功！哦耶！不过，躲得了初一，躲不过十五，管他的！还是先享受这美好的下雨天吧！

# 专治挑食有猛药

王佳怡

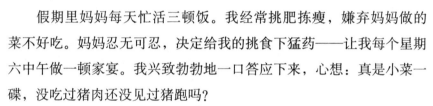

假期里妈妈每天忙活三顿饭。我经常挑肥拣瘦，嫌弃妈妈做的菜不好吃。妈妈忍无可忍，决定给我的挑食下猛药——让我每个星期六中午做一顿家宴。我兴致勃勃地一口答应下来，心想：真是小菜一碟，没吃过猪肉还没见过猪跑吗？

第一周周六早上，我还懒懒散散地赖在床上，突然听妈妈喊道："起床做饭啦！"我这才想起来，中午该做家宴了！我连忙拖着慵懒的身子从床上爬起来，拉开窗帘，只见窗外赤日炎炎，知了叫得震天响。我心想：这要出去买菜，不得中暑？便跑进厨房，决定就地取材。我在厨房里翻箱倒柜，找了半天，只在冰箱里发现了几个西红柿和昨天的剩菜。我两眼一亮，把剩菜放进微波炉加热，又糖拌了个西红柿，上菜！爸爸妈妈看了，显然很不高兴。我挤出一丝微笑，说："不能浪费粮食，要光盘行动！"他们无奈地笑了笑，凑合着咽下了我做的第一顿家宴。我自己呢，一边吃一边自我反省：如果这顿饭是妈妈做的，我肯定会抗议的。没关系，下周将功补过吧。

第二周，我吸取了上次的教训，早早地起了床，到菜摊上买了一个大头菜，心想：依我的水平，一菜一汤就大功告成了！

回到家，我像模像样地下了厨房，把大头菜摁在菜板上一顿切。

049

我的梦幻田园

我功力不济，有的菜蹦到了水池里，有的掉到了地上，菜板上狼藉一片。我慌了神，笨手笨脚地把菜捡了起来，忙手忙脚地收拾好，热油，炒菜……只听"噼里啪啦"油星四溅，我慌忙把大头菜倒了进去，"唰啦"一声锅里冒出白烟，我拿起铲子胡乱在锅里炒了几下，慌慌张张把盐撒进去，又炒了几下，也算是把大头菜炒熟了。厨房被我搞得一团糟，还没来得及做汤，爸爸妈妈在餐厅里直喊饿，我只好把大头菜孤零零地端了上去。妈妈把碗筷一推，学着我的样子说："难吃死了！"我说："管饱不管好，尊重一下别人的劳动呀！"妈妈学着我以前的口气："这么难吃，咋吃呀？"

从那以后，每到周六我都如临大敌，愁眉苦脸，买菜做饭像座大山一样压得我喘不过气来。终于有一天，我向妈妈摇起了小白旗："妈妈，我输啦，饶了我吧！"妈妈乐滋滋地走进厨房，扎上围裙。

从此以后，我再也不挑食了，也不再嫌弃妈妈做得菜不好吃了。

# 万 年 竹

马誉洋

我家阳台上水养了一大瓶万年竹。

万年竹全身由根、茎、叶构成，身躯修长而且坚硬，每一根都近一米高，像等待检阅的士兵一样挺拔笔直。万年竹的根须很长，洁白如银丝，从底部开始生出数十条根，根生须，须又生须，才使得根须无数。一根根洁白胜雪的根须交错盘结，像无数白色的神龙盘聚在一起。

　　根须以上，便是一节节竹节，每节长约两寸，包含两种颜色，上半节是浓郁的墨绿，下半节是泛白的浅绿，这浅绿在水波的衬托下已近似于白色。远远望去，两种颜色相互交错，形成不同颜色的碎片，这是连画家也画不出的绿韵。

　　上端的竹节包着竹叶，一片片竹叶像包粽子似的把竹节包得严严实实，竹叶呈墨绿色，每片叶子都使劲向上挺。竹叶根部向里翻卷，然后渐渐平缓地舒展开，接着就到了上挑的叶尖。用手摸一摸竹叶，感到凹凸不平，仔细看，才发现竹叶上有清晰的纵向条纹，好看得很。再嗅一嗅，一股不可言说的淡淡清香便蔓延到鼻腔之中，令人陶醉。那么多竹叶重重叠叠，把洒落的阳光都遮住了，只漏下斑斑点点细碎的光影，射在水面上，漾出一片粼粼的金色涟漪，接着又反射在玻璃缸上，最终映在竹竿上，此时的万年竹变成了"金竹"。

　　说起这美丽的万年竹，它们的生长还经历了一段时间的考验呢！刚买回来时，它们底部还没有生根，当时我还担心：就这么几根竹节还能养活？我和妈妈精心侍候着，它们努力汲取阳光的能量，吸吮水分，心中只有一个念头——生根。两周过去了，我惊奇地发现，万年竹底部已经鼓出了一圈白色的斑点，像婴儿刚要长出的牙齿。再往后，白色斑点越来越多。又过去了两周，万年竹终于生长出寸许长的根须，最后长成了现在这可喜模样。

　　我爱万年竹——这水中的君子，不断向上生长的斗士。

# 我家的老头儿

计和言

我家的老头儿真是不一般呢！虽然岁月的沧桑已经写满他整张脸，但他还是神采飞扬，每一天脸上都装着笑容。

他总是挺着肚子走路，摇摇晃晃像一个不倒翁；他总喜欢睡觉，打起呼噜来惊天动地；他还经常开玩笑，每次都逗得大家哄堂大笑……

我家的老头儿最大的缺点就是耳背。记得最有趣的一次，我在家里找不到我的外套。我想，那个神通广大的老头儿应该知道。我就问道："您知道我的外套去哪儿了吗？"他停顿一会儿："你说什么？"我想他老人家年纪大了，耳朵有点儿不好，就又重复了一遍："你看见我的外套了吗？"不料，他答道："叫我给你削个苹果？"逗得我笑得前仰后合，合不拢嘴。但我还不放弃，又重复了一遍，他又回答："叫我帮你削个梨？"最终，我失望透顶，决定自己去找衣服了。

我家的老头儿还有一个倔强的脾气。最近，爸爸妈妈工作都很忙。我叫这位有学问的老头儿帮我报一下听写。不料，引起了一场"舌"战。我说"匕首"的"匕"读bǐ，他说读bì。他不服，认为他一定是对的。我也不服，认为我是对的。他理直气壮地说道："匕是读bǐ，匕才是读bǐ。"我反驳道："老师都说过了读bǐ，您老人家就不要再说了，那是您那个年代的读音！"我们各执一词，谁也不肯退让。突然，我想到一个方法可以让他相信。我打开手机，搜了一下百度，把答案给他看，确认"匕首"的"匕"就是读bǐ。他感到羞愧，还说道："现在网络那么发达，我也要好好学习一下！"

我家的老头儿不仅好学，而且还会各种乐器，称得上"音乐天才"。他最厉害的是二胡，真是已经练到出神入化的地步了。他轻轻拉弓，跳出一段舒缓的旋律；他用力拨弦，引出一段激越的节奏……当舒缓时，我仿佛感到一阵带着花香的晚风向我吹来，水一样的月光照在我的身上；当激越时，我又好像坐在河面上，和闪烁的星光打闹着……每一次都听得我如痴如醉。

想必大家都猜到了吧，这个老头儿就是我爷爷！

# 黑 白 之 间

赵皓羽

我叫赵皓羽，今年十二岁，是个"静如处子，动若脱兔"的小姑娘。别看我似乎文文静静，我可是个实力派呢！口才、成绩都顶呱呱。我喜欢作文，可数学才是我真正的强项，不服来战吧！

大自然的色彩都有其独特的魅力。我喜欢枝头嫩芽的鹅黄，我喜欢悠远天空的湛蓝，我喜欢日落余晖的金黄。但你若是问我最喜欢什么颜色，我会说，我最喜欢黑和白。也许，你会摇头、撇嘴了吧？

谁说黑和白不好看？它是眼眸的颜色，炯炯有神，闪闪发亮，眼波流转之时，早已摄人心魄。简单的黑与白，其实隐藏的，是望穿秋水的情，是洞察万物的智，是人心田的窗，是灵魂栖息的地方。

谁说黑和白不好看？它是琴键的颜色，黑白交错，每一次按下，就弹奏出一个动人的音符。音乐家灵活的手指，调和着这简单的两色，释放出天籁之音。贝多芬、莫扎特、肖邦，他们是怎样地终生迷恋着这些黑与白的精灵？

谁说黑和白不好看？它是粉笔与黑板的颜色。朴素的粉笔，在沉默的黑板上舞动，一笔一画，透着认真与执着，"嗒嗒"声像是和着鼓点，伴着琴音。多少知识，多少经典，多少汗水和期盼。那黑白分明的粉笔字和黑板，清清爽爽，一目了然。

谁说黑和白不好看？它是怀旧的颜色。妈妈小时候家里的黑白电视机，村里好多人偷偷趴在窗户上看，看《葫芦娃》，看《霍元甲》。老师说她儿时的照片，花了钱，请人照的，庄重地换了新衣，头发梳了又梳，抹了又抹，再把自己的眉眼神态调得端端正正，一丝不苟，然后又是紧张又是期待地，看着那既神秘又神圣的相机镜头，不敢眨一下眼睛。"啪"，一张珍贵的相片就诞生了。如今再看，那黑和白，收藏着上一代人多么难忘的童年。

而这一切，都只缘于黑白两色。这样的黑和白，怎能不让人喜欢呢？

# 天下第一鲜

李梦雨

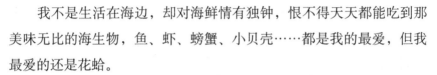

　　我不是生活在海边，却对海鲜情有独钟，恨不得天天都能吃到那美味无比的海生物，鱼、虾、螃蟹、小贝壳……都是我的最爱，但我最爱的还是花蛤。

　　相传，乾隆皇帝下江南时，一路吃尽人间美味。一日来到扬州，知府大人正在为拿不出美味佳肴而犯愁，这时，一位家住如东的师爷献计道："大人，我家乡的海边出产一种又鲜又嫩的文蛤，其味雅而不俗，是否寻点儿来让皇上品尝？"知府一听，立即派人快马置办。回府后，差掌勺用文蛤烧冬瓜。切冬瓜数片，削成弯月形状。玉碗中，轻烟袅袅，一颗颗文蛤似珍珠一样，在水中嬉戏，仿佛抬头望着水中初月的倒影，充满了诗情画意。吃够了山珍海味的乾隆，从未品尝过这么鲜美的海味野肴，鲜得直咂嘴。"此鲜只应天宫有，人间能得几回尝。"乾隆边吟诗称赞，边唤来师爷，问这是什么菜。师爷灵机一动，答曰："回皇上话，这是海珠恋月。"乾隆龙颜大悦："好一个海珠恋月，真乃天下第一鲜也。"乾隆回味无穷，一时兴起，命师爷马上取来文房四宝，挥笔写下了"天下第一鲜"五个大字。由此，文蛤美名远扬。

　　花蛤，又名文蛤，光听名字就知道它一定有五彩斑斓的花纹。

没错，它们身上有各种各样的条纹，黑色的、棕色的、白色的、黄色的，有的花纹多而密，有的花纹少而稀。把它们放进盐水里，不一会儿，白白的、长长的肉就伸了出来，在水里探头探脑，有趣极了！

花蛤味道极鲜美，做法也特别容易。先将买回来的花蛤在盐水中泡半天，让它把嘴里的沙子吐出来；如果吐不出来，可以找两个盆，放上水，放入花蛤，扣在一起，上下摇晃即可。将花蛤捞出来，然后向锅里倒入少许油，等油热了再放入葱、姜、干辣椒，出味后，把花蛤倒进锅里，放点儿酱油，轻轻翻炒几下，倒入水，水要没过花蛤，盖上锅盖，炖三五分钟，等它们全都把壳张开后，就可以出锅了！还可撒上葱花做点缀。

花蛤不仅是一种佳肴，还可以入药，具有清热、化痰、利湿、散结、抑癌等功效。近代国际医学界认为，从文蛤中提取的蛤素能抑制肿瘤的生长。

我爱这些美味的海鲜，更爱孕育它们的大自然！

056

# 怀念油菜花

朱嘉欣

沐浴着春天的暖阳，呼吸着春天的芬芳，我心想：家乡的油菜花开了吗？我仿佛闻见了油菜花的味道——甜润、馨香，令人难忘；我仿佛看见了油菜花娇小朴实的身影。

油菜花曾是我童年的玩伴，它的花瓣里藏有我色彩斑斓的记忆。

小时候，放学后，我与小伙伴们行走在油菜花丛中的小路上，看着白色、黄色的蝴蝶在田间飞舞，此时，我总要摘下一两把油菜花，先放在鼻子上闻一闻，吸一口这清香，然后把花插在头上，或别在腰间，感受大自然的气息与魅力。那油菜花，永远都是那么一大片，看不到头，望不到边，暖暖地包裹着我幼小的童心。那时候，回家总要被妈妈吵一顿，因为油菜花的颜色弄在衣服上是很难洗掉的。即使这样，我心里也是甜滋滋的。

油菜花生长在故乡肥沃的土地上，生长在我童年的生活中，也生长在我的心里。

现在，在这川流不息、四通八达的道路之间，再也没有蓝天白云和我记忆中的油菜花田了，取而代之的，只有灰蒙蒙的天空和林立的钢筋水泥建筑物了。我无时无刻不在想念那童年的油菜花，无时无刻不在思念那无忧无虑的日子！

我望向窗外的人工草坪，一抹熟悉的黄色闪入我的眼帘。我忙跑过去看，这的确是一朵油菜花。我细细欣赏这朵不起眼的小花，它朴实的黄色花瓣显得那么单薄，还带着些许黯然，也许是生长在这城市的狭窄空间里没有生长在农村的田地里自由吧？一如我长大后伙伴散去般孤单。

这朵小小的油菜花是怎么来到这里的呢？那粒小小的、不起眼的种子，也许是风婆婆随意撒落的，也许是从鸟嘴里掉下来的。它也会像我一样思念自己的家乡，思念自己的童年吗？我不敢再想下去，只是把爱怜的目光都倾注到它身上。我并没有把它据为己有，只是希望每一个经过这里的人都能注意到它，欣赏到它。

我凝视着这朵小小的花儿，心想，家乡的油菜花也该开了吧？一定是黄灿灿的一大片，看不到边际，望不到尽头，黄的白的蝴蝶、"嗡嗡"叫的蜜蜂也一定会在油菜花上翩翩起舞吧。

# 按自己的节奏慢慢走

马煦程

"呼——"长长地吐出一口浊气，我甩了甩有些发酸的手，放下了笔。学习的压力让我喘不过气来，而同学之间的竞争，更让我的心头如压着一块大石头。

望向窗外，春意盎然，景色令人迷醉。我看了看桌上的难题，摇了摇头，起身推门而出。

打开大门，一股幽幽花香隐隐传来，沁人心脾，我不禁停下了脚步。抬头望去，满树的桃花盛开，与绿叶相映衬，更添一分美丽。微风吹来，淡淡的花香轻轻拂过我的面庞，拂去了我的劳累，也拂去了我心中的焦躁。我继续前行，在林间小路中探索，寻找令人迷醉的美景。

不觉间，抬起头，一池清澈的湖水映入眼帘。小巧的蜻蜓飞过，轻盈点水，宁静的湖面漾起了一丝涟漪。池边的花丛中，颜色艳丽的蝴蝶翩翩飞舞，为这片景致平添了一股生机与活力。不知名的野花五颜六色，默默点缀着草丛。被草丛环绕的池边柳树，倒映在水中，似在揽镜自照。微风吹过，柳条在空中轻舞。池漾花香，树摇蝶起，好一派美景！

沿着小路缓缓走着。转眼间，湖边小路变成了林荫大道。阳光固执地想要照射进来，却被茂密的枝叶裁剪得支离破碎。微风拂面，林荫驱热，我心中那焦躁的火，悄悄地熄灭了。鸟儿清脆的歌声在林间回荡，花儿浓郁的香气在林中飘散。我慢慢地踱着步，沉醉在鸟语花香中。猛然记起，我童年的生活，似乎也如这景致一般闲适美好。然而，学校里快节奏的生活让我很不适应，无奈，我只能告别快乐，沉浸在书山题海中。其实，偶尔抽出时间欣赏一下美景，也许就能在舒缓的节奏中萌生出许多学习的热情来。

微风令人惬意，鸟语令人喜悦，花香令人陶醉。漫步在小路上，欣赏着难得的美景，我终于明白：快节奏的生活，让我错过了许多精彩。我要放慢脚步，我要慢慢活出生活的精彩！

# 莫把真情娱乐化

李纳米

据媒体报道，近日，江苏常州一男子因事业不顺，企图跳楼寻短见。在警察的劝说下，他站在楼檐边徘徊了十八个小时。而围观群众中有一个大妈，居然从头天晚上5点半看到了第二天上午8点，一夜未眠。她这样说："演唱会、电视剧能回放，他这个不能回放啊。"

这个大妈的话把我惊呆了！这是一种什么样的心理在作怪？现在的人都怎么了？

大妈作为"吃瓜群众"的代表，没把几十层高楼上的生命当成一条命，没把生死存亡当成一种危情，而是秉着事不关己的态度把它当成了夏夜里的一种消遣！她的态度，和大家聚在一块儿看露天电影有什么区别？！

大妈，我想问您，要是您的儿子此时就站在那栋楼上，要寻死觅活，您还会这么风轻云淡、兴趣盎然吗？

肯定不会！

怎么，自己的儿子是儿子，别人的儿子就不是儿子了吗？对于别人的儿子，就可以漠不关心，像看耍猴一样看别人自杀，拿别人的生命当娱乐吗？

我不是在谴责某一个人。我是觉得，这个大妈的心态代表着相当一部分民众的心态，而我们的生活已经在不自觉中被娱乐化了！现今的社会被娱乐化了！这种娱乐化让人变得迷茫了，变得冷漠了！

打开电视，电视节目里到处都在作秀，父母亲情可以表演得感人肺腑，改造前后的不良少年可以表演得判若两人，团队协作可以表演得那么齐心协力……每一个真人秀都有许多看点，都有超高的收视率。可是不要忘了，节目就是节目，真人是在作秀，"真人"不是本人，是演员！

娱乐化的生活，看着热闹，其实只是表面华美的袍子，里子是残缺的，真人秀制作得越精美，表演得越真实，看起来就越假，越可笑。

真人秀里那些所谓的真情都是假意，虚假的真实带给人的是错误的认知，是不知不觉间被迷惑。人们在不知不觉中混淆了真实的生活和虚假的作秀，于是在疯狂的娱乐化中，对自己所看到的一切都抱有玩味的态度。

于是，我们将对待真人秀的冷漠也搬入了自己的生活。反正到处在直播，到处在作秀，就把真实的跳楼当作有人在拍真人秀吧！

我郑重呼吁：不要让我们的生活娱乐化！不要在这娱乐化的时代里迷失自我！

# 历练后的飞翔

明飞龙

　　惊鸿一霎，转眼间流年偷换。我们从呱呱坠地到牙牙学语，从年少无知到青春懵懂，每个人，都在走着一条成长的路，都留下一道成长的痕迹。成长的过程，有艰辛，有痛楚，有挣扎，有叛逆……只有经历了风雨和苦难，才能获得成长。

　　在辽阔的亚马孙平原上，生活着一种叫雕鹰的雄鹰，它有"飞行之王"的称号。它的飞行时间之长、速度之快、动作之敏捷，堪称鹰中之最，被它发现的小动物，一般都很难逃脱它的捕捉。

　　但谁能想到，那壮丽的飞翔后面却蕴含着滴血的悲壮？

　　当一只幼鹰出生后，没享受几天舒服的日子，就要经受母鹰近乎残酷的训练。在母鹰的帮助下，幼鹰没多久就能独自飞翔了，但这只是第一步，因为这种飞翔只比爬行好一点儿。幼鹰需要成百上千次的训练，否则，就不能获得母鹰口中的食物。第二步，母鹰把幼鹰带到高处，或树边或悬崖上，然后把它们推下去，有的幼鹰因胆怯而被母鹰活活摔死。但母鹰不会因此而停止对它们的训练，母鹰深知：不经过这样的训练，孩子们就不能飞上高远的蓝天，即使能，也会因难以捕捉到食物而被饿死。第三步则充满着残酷和恐怖，那些被母鹰推下悬崖而能胜利飞翔的幼鹰将面临着最后的，也是最关键、最艰难的

061

我的梦幻田园

考验，因为它们那正在成长的翅膀会被母鹰残忍地折断，然后再次从高处推下，有很多幼鹰就是在这时成为悲壮的祭品，但母鹰同样不会停止这"血淋淋"的训练，因为它明白，孩子们在经受痛苦磨炼的同时，也在构筑着它们生命的蓝天。

有的猎人动了恻隐之心，偷偷地把一些还没来得及被母鹰折断翅膀的幼鹰带回家里喂养。但后来发现，那被喂养长大的雕鹰至多飞到房屋那么高便要落下来——那两米多长的翅膀已成为累赘。

原来，母鹰是否"残忍"地折断幼鹰翅膀中的大部分骨骼，是决定幼鹰未来能否在广袤的天空中自由翱翔的关键所在。雕鹰翅膀骨骼的再生能力很强，只要在被折断后仍能忍着剧痛不停地振翅飞翔，使翅膀不断地充血，不久便能痊愈，而痊愈后的翅膀则似神话中的凤凰重生一样，将能长得更加强健有力。如果不这样，雕鹰也就失去了这仅有的一次机会，它也就永远与蓝天无缘了。

没有谁能帮助雕鹰飞翔，除了它自己。

我们每个人都拥有自己辽阔而美丽的蓝天，也都拥有一双为翱翔蓝天作准备的翅膀，那就是激情、意志、勇气和希望，但我们的翅膀也同样会被折断，也同样会变得疲软无力，如果这样，我们能忍受剧痛拒绝怜悯，永不坠落地飞翔吗？

# 进步？退步？

　　当你站在乡下的田野上时，呼吸的是令人心旷神怡的清新空气，头顶上是无边无际的蔚蓝天空，眺望的是一片绿色……蜜蜂和蝴蝶在空中飞舞，为这乡下的田野景色又增添了几分色彩……

# "四大才子"诞生记

陈 浩

"陈规陋习、投桃报李、持之以恒,从这三个成语中,你们发现了什么?"老师神秘地问。

"我发现了,有陈李恒的名字耶!"机灵鬼邱天玮大声嚷道。

不一会儿,黑板上就出现了一大黑板密密麻麻将近200个成语,每个同学的名字都可以在这些成语中找到。真新鲜呐。

我屏息凝视,仔细地寻找着包含有自己名字的成语。写了那么多人的名字终于到我了,我的是"陈年老账,浩如烟海"。还有我周围那几个同学的名字:青黄不接、三思而行、聪明睿智(黄思睿),飞黄腾达、杳无音讯(黄讯),张冠李戴、万众一心、宁缺毋滥(张万宁),我都记住了。今天的我,真是刘姥姥进大观园——长见识了。

老师带我们过了"积累关",接下来难度升级了,那就是"智闯运用关"了,规则是这样的:每个人说一段话,但是话里必须用到黑板上的任意成语,比比谁说得最多。

班里的"幽默王子"欧阳彧燊第一个站起来,故作神秘地说:"一个风和日丽的上午,骁勇善战的飞行员彬彬有礼地走过来,看见了一位冰清玉洁、亭亭玉立的姑娘,两人一见钟情……"话音刚落,大家哄堂大笑起来,哇!我在心里数了数,他说的一段话里竟然包含了六个成语。

不甘示弱的邝文彦也举手了，像开机关枪一样说了十来个成语，崔老师接过话说："咦，一个铮铮铁骨的男子汉，怎么会……"还没等老师说完，立马有人接着说："怎么会嫣然一笑呢？"逗得全班同学哈哈大笑起来，就连崔老师也乐开了花。

好戏还在后头呢！陈骁鹏和邱天玮也迫不及待举手了，陈骁鹏一口气说出了十六个，而邱天玮比他还多说了两个。在他们的带动下，选手们都跃跃欲试了，这里有秀外慧中的，有天生丽质的，有文思泉涌的，还有家喻户晓的……这场以词会友、相见恨晚的成语大战，我是甘拜下风啦！

这就是我们班的"四大才子"诞生记。

# 苦中作乐

065

黄骁瑞

一天傍晚，我和妈妈正坐在沙发上专心致志地看电视，突然，妈妈的手机响了，吓我一跳。原来是妈妈单位发来的短信，说是立刻去单位领糕。因为步步"高"升的好口彩，我和妈妈立即出发了。

我们的交通工具是一辆电瓶车，出门时还算利索，不一会儿就到了单位。我们领了糕，高高兴兴地踏上了回家的路。可是刚出单位门一会儿，妈妈把车停了下来，转过身来苦笑着说："儿啊，我不得不告诉你一个倒霉的消息。"

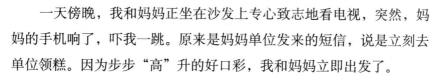

进步？退步？

"糟掉了？"我急忙问。

"不是！"妈妈回答。

"包掉了？"我又问。

"不是。"

"那是怎么回事啊？"

"是电瓶车没电了！"

"啊？不是吧！还有十里路呢！"我顿时像泄了气的皮球，可妈妈却说："不要紧，我们想办法尽量早点儿到家。"

我们开着电瓶车小心翼翼地上路了。妈妈尽量轻轻拧着控制码数的转把，以保持匀速前进，避免因急刹车而浪费电。这样勉强行驶了五分钟，我们心里不断地祈祷，再久一些，再坚持久一些。可是，我们的电瓶车开始像喝醉了酒一样，东摇西晃，以显示自己确实没有能力再驮我们远行了。

我再次发出了叹息声，妈妈说："没事，儿子，看我的！"说完，便撑开39码的大脚，左右两脚轮流着地，像鸭子划水一样，我们的车果然在妈妈的努力下继续前行了。这样奇怪的"鸭子划"骑行方式还收获了路人百分之一百的回头率。我也一边笑一边唱道："门前大桥下，游过一群鸭，快来快来看一看，看看我的妈……"这回轮到妈妈笑了。

妈妈"鸭子划"了几分钟，体力渐渐下降，而且又一个难题出现在我们面前。什么难题？哈哈，就是像恐龙脊梁骨一样的大桥！面对如此高的坡度，我和妈妈决定下车推行。那叫一个累啊，瞬间感觉到这座桥是如此宏大！累得半死，终于把车推到了桥中央，妈妈向我使了个眼色，我明白她的意思，便蜻蜓点水式地一下子"飞"到车上，"下桥啰！"我和妈妈兴奋地喊了起来，因为我们利用了惯性"溜坡"溜了好长一段距离，不费电量，更不用力气，我们赚了哦！

就这样，我们一会儿"鸭子划"，一会儿"徒手推"，一会儿玩

"溜坡"，也许你们会觉得我们好倒霉，哈哈，你大错特错了，你不知道，我们这一路动了多少脑筋，有多少快乐的笑声呢！我想，这好比人生之路，也许我们会遇到艰难困苦，但我们只要怀着苦中作乐的心，一切都会美好起来！

# 糟糕的一天

吴伊凡

"妈妈轻点儿，啊……"这一声声惨叫不绝于耳，怎么回事？

星期天，妈妈出去工作，而我留在家里。只听"咣当"一声，门关上了，我像做贼一样张望了一下，高兴极了，便在客厅里狂奔，因为我自由了，真是老虎不在家——猴子称大王。我坐在沙发上，闭着眼睛想：怎么才能玩得爽。电脑？不好。电视？不好。要不然去喊楼底下的伙伴们来我家玩。好，就这样。于是，我迫不及待地向楼下奔去。

不一会了，伙伴们便来了，他们警觉地环顾四周，我对他们说："我爸妈不在家，进来玩吧！"伙伴们这才放下心来，小心翼翼地跨过门槛，走进家里。他们不一会儿就放开了胆子，开始疯玩起来。我也拿出我的全部"家当"，当伙伴们看到玩具，两眼放光，像几头饥饿的狮子看到猎物一样兴奋，都冲上去抢。瞧，小涛子追着我的小火车，小火车到哪儿，他就到哪儿，样子真滑稽。再看看我身边的小研，拿着我的机器人到处乱跑，真怕他摔坏了机器人。正在我们玩得尽兴的时候，"哎呀，你家椅子坏了。"不知谁喊了一声。我对他们说："没事，反正我会修。"刚说完，我又听到小涛子不好意思地说："哎呀，你家的照片掉了。"我又夸下海口，大方地说："没事，你去玩吧。"话音刚落，又听到小研说："你家的窗帘被我扯掉了。"这次我没回答，而是沉默不语，挠着后脑勺，心里嘀咕道：真是个麻烦精。不高兴归不高兴，不要伤了朋友的和气。算了，我手一挥，不耐烦地说："我会修，玩去吧。"听了这话，小研才放心大胆地去玩了。就这样，我们又疯玩了三个小时，天快黑了，伙伴们要走了，我才依依不舍地和他们告别。

唉，我就随口一说，他们就不帮我收拾残局了，椅子和照片我会修，装好了椅子，挂好了照片。我刚想休息，却想起窗帘也坏了，可是我不会修窗帘啊！眼看妈妈快要下班了，我像一只热锅上的蚂蚁——急得团团转。

六点五分，妈妈回来了，看到家里一片狼藉，看着目瞪口呆的我，顿时火冒三丈，我正想逃，却被妈妈一把拎起。她怒吼道："在家里干什么了？"我默默无言。妈妈再一次追问："快说。"我小声地说："带人来家里玩，窗帘坏了。"妈妈听完，一下子把我扔到房间……结果就有了上面的惨叫声。

# 电吹风的"帽子"哪儿去了？

袁子君

　　"扑通！""啊呀！"房间里传来了一连串奇怪的声音，紧接着，老妈顶着半干不干的头发从房间里冒出头来，急切地说："快，帮我找一下电吹风的'帽子'！"原来，我那亲爱的老妈吹头发的时候手一滑，手里的电吹风落到了地上，捡起来一看，电吹风已成了"无头苍蝇"。"这可不行，没有了它头发会被卷进去的！一定要把它找出来！"老妈迅速地扫视了一下房间，没看见，才来找我帮忙。她等了半天见我不动，就毫不犹豫地把我看了一半的书抢走，补充道："快，快，赶紧帮我找，找到了你才能看书！"Oh！No!

069

　　扫把，簸箕，还有两个人，各就各位，开始！"唰"一拉窗帘，电吹风头没冒出来，许多角落里的灰尘却立刻过来凑热闹。漫天飞尘围着我跳圈圈舞，场面何等壮观啊！我脑海中猛然冒出一句"落霞与孤鹜齐飞"，我们这是灰尘与啥齐飞呢？回头一看，老妈早已变成了"落灰鸡"，我差点儿笑出声来。只见她正拿着晾衣服的金属杆，伸到床底下乱捅呢。找啊找啊找"帽子"。我一点点排查，把周围的东西不停地往后丢，书啊、本子啊、衣服啊全都为"造山工程"贡献了自己的力量。功夫不负有心人，一座高大巍峨的"华山"终于建成了。然而，一边的老妈看着我的"丰功伟绩"，眼睛瞪得比铜

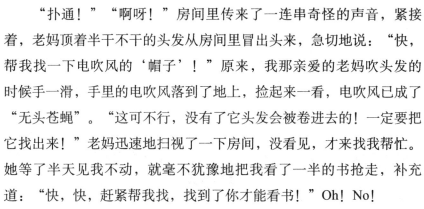

铃还大，咆哮道："给——我——把——东——西——整——理——好——"唉，真是个脾气暴躁的人。

趁老妈不注意，我偷偷溜了出去，准确无误地从一边的盒子底下抽出了刚才被老妈抢走的书。哈哈，你魔高一尺，我道高一丈，刚刚从我这个角度一眼就看到它了，这下你可要挟不了我了吧！一低头，发现那个盒子里面就装着我们找了半天的"帽子"！真是"踏破铁鞋无觅处，得来全不费工夫。"原来，粗心的老妈在拿电吹风吹头发时，就已经是"无头"的了，老妈竟然没注意，电吹风摔了一跤后，老妈才发现"头"没了。这件事终于解决了！不过…….

"老妈！你把我的书压在这个盒子下面的时候，就没注意到电吹风头吗？""对不起啦，正着急呢，谁会注意到这些？"老妈为自己辩护道。"哇哇哇，我亲爱的看书时间啊，全都被这该死的'帽子'搅和了！晚上晚睡半小时补偿我吧？"我追着老妈商量着。

070

# 我的喝酒史

苏剑煌

提起我的喝酒史，那得追溯到我七八岁的时候。

一天，外号叫"智多星"的表哥来我家做客。他神秘兮兮地对我说："老弟，我能一口气喝下一杯38°的白酒，信不？""不信，不信，我爸爸都不行，你怎么行？准是吹牛！"我不假思索地回答。"好，那我就喝给你看。"说完，表哥转身进厨房取酒。我坐在沙发上翘起二郎腿等他，心想：平时表哥最爱吹牛了，这次他肯定出洋相。我就等着看好戏吧。

表哥在厨房里忙活了一阵，小心翼翼地端出一杯白酒，严肃地说："为了让你鉴定一下这杯白酒的真伪，你来闻闻这味儿。"我听了，忙上前凑近杯口，闻了闻，呀，真是白酒！检验完毕，表哥就摆开架势，拿起酒杯，头一仰，一口气把酒喝光了。"好酒量，比梁山好汉还梁山好汉！"我佩服得五体投地，目不转睛地注视着表哥。"没什么，这就是本领。"表哥一脸毫不在意的神情。

不一会儿，表哥去厕所了。我心想：本领是可以练出来的，表哥能喝，我为什么不能喝？于是，我快步走进厨房，倒了满满一杯酒。我刚把鼻子凑近杯口，就差点儿被那股浓烈的酒气熏倒。但是，为了让表哥瞧瞧我的本事，我索性捏住鼻子，一股脑儿喝光了那杯酒。辣，辣！刚喝完我立刻感到头重脚轻，浑身上下不自在，接着便跌跌撞撞地爬上沙发，沉沉地闭上了眼……

不知过了多久，我被表哥推醒了，朦朦胧胧地睁开睡眼，结结巴巴地说："你……你的……本事……太难练了，我……不行。"表哥一脸疑惑："什么本事啊？""你喝酒的……本事。""哈哈哈……"表哥突然大笑起来，"你这个小笨蛋，那哪是酒啊？那是白开水！我只是在杯口上涂了点儿白酒罢了。哈哈哈……"我顿时傻了眼："表哥……你……你……""谁叫你不动脑子，轻信别人的！""我……跟你……没完！"我有气无力地挥舞着拳头。

# 会冒烟的头发

袋 宇

你也许见过冒烟的工厂，见过冒烟的火箭，但一定没有见过会冒烟的人吧！告诉你，我家就有这样一位身怀绝技——头发冒烟的人。

我的妈妈天生就和其他妈妈不一样，别的妈妈喜欢穿裙子高跟鞋，我的妈妈却喜欢穿运动装，而且是黑不溜秋的那种；别的妈妈的脸白里透红，粉嫩粉嫩，我的妈妈的脸却黝黑发亮，有时还会冒几粒小痘痘；别的妈妈的头发卷曲飘逸，我的妈妈的头发却像古代的妇女盘着个高高的发髻；别的妈妈行走是步态优雅，气度非凡，我的妈妈是行走如飞，没事也转悠转悠，从没停过。唉，这哪里像个女人啊！

更绝的是妈妈的头发会冒烟。

一天晚上，我们全家人正在享用晚餐。菜品还真不少，有营养丰富的清蒸鱼头，有脆嫩可口的糖醋白菜，有麻辣鲜香的宫爆鸡丁，有酸爽开胃的泡坛榨菜……可说实在的，再好的菜我都没胃口，奶奶说我是不拱嘴的猪——不会吃。不会吃就不吃吧，可妈妈常常对我不依不饶。我慢悠悠地拿起筷子在菜上碰了碰，点了点，偶尔蘸点儿菜汤，不情愿地沾到舌头舔舔。这哪里是吃饭呀，简直是吃药！

我愤愤地瞥了妈妈一眼，恰好她也看着我，我不由得打了个冷战。镇定，我装作没看见，接着，她又瞥了我几眼，我还是装作没看见，依旧保持着拖拉机的速度，偶尔刨几颗米粒跳进嘴里。空气渐渐变得凝重，妈妈的怒气在升级。好汉不吃眼前亏！这点儿觉悟我还是有的，嗯——清清喉咙，还是讲个笑话讨好妈妈吧！

"你这也不吃，那也不吃！怎么啦？你以为你是钢，你是铁，我今天非要你吃……"火山爆发了，妈妈的嘴巴像开启的机关枪，猛烈地扫射，那高分贝的声音如雷贯耳，圆圆的眼睛恨恨地瞪着我，鼓鼓的眼珠子像要滚出来一样，鼻子里还喘着粗气，暗黄的脸也变得铁青，头发也竖了起来，开始升起丝丝轻烟，渐渐地，渐渐地，越来越高，直往上蹿！我瑟缩着，呆呆地坐在那儿，一动不动，大气也不敢出。苦哇，谁叫我投胎到这个家呀！

"女儿，别吵别吵，医生说了，孩子不吃一定是不饿！不能强迫……"外婆登堂主持公道，妈妈的声音这才渐渐低下来，头上的烟慢慢地散去，我也才稍稍缓了口气。

怎么样，妈妈头发冒烟的功夫厉害吧？唉，我可真不想领教哇！

073

# 电闸的秘密

张 佳

一到假期，我就喜欢去外婆家里住。

还是在外婆家好，无论是好吃的还是好玩的，都没人跟我争。比如看电视吧，想看什么就看什么，渐渐地我达到了废寝忘食的地步。我发现外婆开始为这件事犯愁了，有时候我听到她嘴里嘟囔着：长期

进步？退步？

这样下去，早晚会把学习落下去的，会累成近视眼的……但我还是依然如故。

吃罢早饭，我又去看电视，"怎么，今天没电？气死我了！"我狠狠地说着，不情愿地拿出书本默默地看了起来。我正看得起劲，忽然听到西院邻居家的DVD里传来优美的歌声，我刚想去厨房告诉外婆，谁知外婆已经知道有电了，正在用电动面条机呢！我顾不上问了，转身跑进屋里，打开电视，"真是奇怪，怎么电视不通电？"我想：不可能是电视坏了，昨晚我还在看呢！于是我开始仔仔细细、上上下下检查线路，边检查边骂那也许饿得不行咬了电线的该死的耗子，心想：一定是它们咬断了哪里。可我检查了好久，也没检查出什么毛病。

没办法我只好去问外婆是怎么回事。外婆不紧不慢地说："可能是电视的倔脾气又来了，孩子，你想嘛，你一直拿它开心，它能不累吗？它想休息，这好比你上学，既有上课学习的时间，又有下课玩耍的时间。"外婆的话让我半信半疑，我只好慢慢向外走去。

吃晚饭时，可恶的电视又恢复了正常，我甭提有多高兴了。可是刚8点多，它的脾气又上来了，没办法我只好上床睡觉。可我怎么也睡不着，我一直在想，外婆家的电视真的好怪。忽然，外婆和外公的对话闯入我的房间："老头子，以后你就天天这么做，记着拉闸的时候可别让佳佳看见。这样多好，佳佳既学习了功课，又看了电视，也不至于累坏她的眼睛……"我藏在被窝里，再也听不下去了，气得睁大了双眼，更加睡不着了。

可是，我再仔细琢磨外婆为我所做的这些事，慢慢地感觉到她这样做是对的。可爱的外婆为了我好，真的什么招儿都能用到哦。

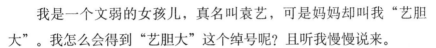

# "艺 胆 大"

### 袁 艺

　　我是一个文弱的女孩儿，真名叫袁艺，可是妈妈却叫我"艺胆大"。我怎么会得到"艺胆大"这个绰号呢？且听我慢慢说来。

　　记得我三四岁上小班时的一天中午，大家都睡着了，只有我一个人没有睡，呆呆地看着天花板，实在没有好玩的，于是就悄悄地下了床，走到了教室门口，突然发现铁门上挂着钥匙。我对着锁眼转了转，咦！开了。我想：门开了我不就可以回家了吗？于是我把钥匙挂在脖子上转身就跑出了幼儿园。

　　哇！好多车，好多人呀！还是外面好玩呀！对了，妈妈在哪儿呢？应该在家里吧！于是我穿过马路，左拐，右拐……咦！前面不就是我的家吗？于是我跑到门口"砰、砰、砰"地敲起来。门开了，是奶奶，只见奶奶惊讶地看着我，然后一把搂住我探出个头往外东瞧瞧，西看看，问："宝贝，你跟谁一起回来的？"我说："我自己回来的。"奶奶一听吓住了，赶快打电话给妈妈。不一会儿，妈妈就到家了。只见妈妈脸上布满乌云，吓得我赶快躲到奶奶的身后。妈妈气得把包一扔拿起小笤帚就要打我。还好，奶奶帮我挡住了……

　　过了一会儿，妈妈把我从奶奶身后拉过来抱在怀里，疼爱地抚摸着我的头说："宝贝，当妈妈接到奶奶电话的时候，你知道吗，妈妈的心都快跳到嗓子眼儿了。你独自回家如果找不到回家的路怎么办？如果遇上坏人怎么办？你知道妈妈多担心吗？你可吓坏妈妈了，下次可不能再调皮了……"当时我的头垂得很低很低……

从此我也就得到了一个"艺胆大"的绰号。

# 一个字的描写

孙逸冉

## 买

大卖场里很多人在买东西。有的人手里拿着一个瓶子，盯着生产日期、保质期，皱着眉头；有的人推着购物车，手里拿着手机，一边跟人聊天，一边瞄一眼边上的货架；有的人打扮得光鲜亮丽，在货架旁托着下巴，用眼睛扫着货品，又时不时拿一些东西放入购物车；有的人推着购物车东跑西跑，拿着一张单子，看一个，又推着购物车跑起来，满头大汗，一脸焦急；有的人还带着孩子，和孩子一起看，有时又会拿起一样东西，跟孩子说着什么。

## 萌

幼儿园中，小孩儿可真萌。有的胖胖的，脸上还有小的食物残

渣，笑起来眼睛眯成一条缝；有的小女孩儿有着红红的脸蛋，大大的眼睛，不时嘟嘟嘴，嘴巴翘得老高老高，眼中泛着天真；有的男孩儿眼睛小得看不见，鼓起圆圆的脸颊，小手叉着腰，一脸不高兴，却感受到眼里那一丝无助；有的女孩儿有着长长的头发，刘海儿到眉毛尾尖，脸上肉嘟嘟的，满是蛋糕屑，手上拿个小包包，说着："我不是胖嘟嘟，只是我的肉很多。"听了真让人发笑；还有的拿着两个芭比娃娃，穿衣服，换衣服，还碎碎念："你们两个去看电影了！你们去聚会去吧！"小孩子的世界我不懂啊！

## 雨

一天，乌云密布，伸手不见五指，大雨倾盆，四周只有"哗哗"声，电闪雷鸣，屋檐下，雨"啪啪"地响，北风"呜呜"地吹着。雨形成了雨帘，地上的黑影斑斑驳驳，这影子，黑，比夜黑。那房子显得非常古老，黑瓦白墙，一点一滴都是那岁月的积淀，仿佛来自远古，让人毛骨悚然。

## 美

天格外蓝，丝丝阳光从树丛中照射出来，小鸟为我而唱，白云为我而舞，唱得这么清脆，跳得那么欢快，知了也说着："快乐！好快乐！"阳光暖暖的，照在身上，撒在大地，真美！百花盛开，开得是那么艳，那么红！如同我心照耀！

077

进步？退步？

# 拯 救 蜜 蜂

吕牧泽

　　我和爸爸妈妈进行了一场激烈的辩论。起因是我想养一只蜜蜂。就是学校门旁的小商店里卖的那种——被裹在套子里的蜜蜂，五毛钱一只。我们班很多同学都买了，但是爸妈不给我买。尤其是妈妈，她说把蜜蜂零卖给小孩玩，就和贩卖小孩儿一样可恶，买了他们的蜜蜂就是纵容犯罪。妈妈实在太严厉了。"我只是想养一只蜜蜂，把它养大，如果没人养那些蜜蜂，它们都会死在小店里，我是在拯救蜜蜂！"当我眼含泪花吼出这两句话时，爸爸妈妈都沉默了。他们对望了一眼，爸爸终于答应给我买蜜蜂了，我顿时破涕为笑。我拉着爸爸的手，立刻向红苹果小商店跑去。到了"红苹果"，老板热情招呼了我们。我挑了四个饱满圆润的蜜蜂茧子，慌手慌脚地拆开了一个，谁知竟不小心捏了一下。我懊恼不已，心想这只蜜蜂十有八九会死掉，这些被人工裹在茧子里的小蜜蜂实在脆弱极了。爸爸拿出两枚硬币，给我买了四只蜜蜂！

　　回到家，我们用小剪刀小心翼翼地剪开蜂茧，那只被我捏过的蜜蜂竟然还活着。它从昏暗的茧里乍来到光亮的地方，好像还不适应，跌跌撞撞地拖行着。我给它取名蜂强强，又用牙签蘸了一滴蜂蜜，送给它作为见面礼。之后，我们又"解放"了另外三只蜜蜂，其中最娇小纤弱的一只，我叫它蜂小小。

我给小蜜蜂们做了一个别致的窝。在一只透明透气的盒子里铺上沾着花粉的花瓣，又滴了蜂蜜在花瓣上，每只蜜蜂都拥有一个花瓣床，它们各据一角，像是城堡里的公主一样！

我每天都用牙签蘸蜂蜜喂蜜蜂。中午就把蜜蜂盒放到窗台边让它们晒太阳。一个星期过去了，它们都见长了。尤其是蜂小小，不再病歪歪地趴着一动不动了，有时候它两只前爪交替动着，像是在津津有味地吃蜂蜜，又像是小猫在洗脸。

一天中午，阳光温暖地照在窗边，蜂强强竟然从盒子里飞了出来！它透明的翅膀在阳光下扇动，它的脑袋一次次触在玻璃上，它一定以为外面是春天！我完全打开盒盖，几分钟后，另外两只蜜蜂也飞了起来，只有蜂小小，还蜷缩在花瓣里睡觉。

我爱四只小蜜蜂。夜里，我还梦到了它们。它们在散发着香味的花瓣床上一定也梦到了我吧？我祈祷它们继续成长，一直长到春天，我把它们放飞到大自然里，去看花儿盛开！

# 进步？退步？

何佳栩

放假了，爸爸妈妈带着我和妹妹回乡下探望爷爷奶奶。奶奶要过六十岁生日，因此，我们此次回去的主要目的是给奶奶过生日，但真正吸引我的，无疑是乡下的田园生活。

在去乡下的途中，我突然有些迫不及待。早就听说乡下比城市更有大自然的韵味，此次回去我更是想见识一番。

到了乡下，我忽然觉得眼睛不够用了。在田野里，那一朵朵娇嫩的鲜花，还散发着浓郁的花香；那一株株我叫不出名字的野菜，叶子上还挂着清晨的露珠。当你站在乡下的田野上时，呼吸的是令人心旷神怡的清新空气，头顶上是无边无际的蔚蓝天空，眺望的是一片绿色……蜜蜂和蝴蝶在空中飞舞，为这乡下的田野景色又增添了几分色彩……为了给奶奶庆生，全家人决定准备一顿丰盛的晚宴。大家争先恐后地在菜园里摘菜，我也体验了一回采摘的乐趣。在果园里，我摘了一个苹果，用嘴轻轻地吹去了上面的灰尘，然后一口咬了下去，嗯……又香又甜，嘴角还有溢出来的苹果汁，鼻腔里回旋着一股苹果的清香。但令我疑惑的是——我在菜地里看不到油菜花。

我把我的疑问告诉了妈妈，还没等妈妈回答我，旁边的老乡就听见了。老乡憨厚地冲我一笑，露出了洁白的牙齿，说："那是因为苹果和油菜花不是一个季节的，你们城里人是搭了暖棚才把油菜花养活的。在这个季节里，油菜花是反季的。我们这是纯天然的，不会用化学产品和人工养殖给植物造成伤害。你没发觉你刚才吃的苹果比城里买的好吃吗？"听了老乡的话，我才恍然大悟。

菜园里的蔬菜叶上挂着露珠，一颗颗露珠晶莹剔透，把绿油油的蔬菜衬托出了大自然的味道。我和妈妈一起采摘蔬菜。妈妈告诉我要摘嫩的，个儿大的，最好不要被虫咬过的。我将妈妈的话铭记在心，按照妈妈的要求摘菜。一边摘，一边悠闲自在地哼起了小曲儿。

但令我十分不解的是，乡下的菜明显比城市里的饭菜香甜可口得多。妈妈告诉我，这是因为城市里卖的蔬菜大都打了农药，这不仅对人体本身有害，而且蔬菜本身的味道也会有所影响。我听后，沉思了许久。

# 看 桃 花

李卿诺

4月3日清明假期的第二天，刚来到奶奶家，弟弟就急着跑来，大叫："姐姐，你快去奶奶……干活的地方去看看，那里有……好多的桃花！可漂亮了！"听了弟弟兴奋的话语，再看看他脸上那兴奋的表情，激动到语无伦次的样子，我便知道，那里的桃花一定开得很好！很美！

听罢，我赶忙飞奔了过去，一边跑，一边在脑海中想象着曾经看过的电视剧中那些浪漫的画面：一片很大很大的桃树林，风轻轻地吹着，有花瓣不时地飘落下来。

桃树虽有，可是不及我高，而此刻更是连半点儿风的影子都没有感觉到。一路小跑过来的我，此时此刻，早已汗流浃背。在烈日的烘烤下，我的内心是多么希望此刻可以和想象中一样，在桃树下乘凉，可是我也就只是想一想，期望一下，我知道这是不可能的。你想一想，树都不及我高，坐在那儿，不但不能舒展，反而要低头，一低头，脖子就会疼得动弹不得。此刻也没有风，别说要把花瓣给吹下来，就是你使劲儿地摇，也摇不下来。我多么希望此时可以有一首动听的乐曲，好给自己一个小小的安慰，可是，没有，只有铁铲、铁锹这些东西在"叮叮当当"地唱着。我想在桃林里跑一跑，可是桃树与桃树之间很窄，里面根本过不去人！天哪，这到底是什么鬼地方？这还不是最糟糕的，就在这个时候，我可怜的白鞋牺牲了，上面都是湿湿的泥巴，就连衣服上也出现了许许多多的小黑点儿。

我刚要生气，却被爸爸拦住了，他让我静下心来，静静地观察眼前的桃树……突然，我似乎感觉到其实个子不高的桃树也蛮可爱的，它们不像那些高大的树那么有威严，却有一种让人忍不住想抚摸的感觉。而在此时，我好像感觉到了一阵阵细微的风划过我的脸颊，阵阵的桃花香不时地飞到我的身边，我使劲儿地深吸了一口气，发现空气中不仅有桃花的香气，还有一种泥土的清新，我顿时感到神清气爽，整个人都变得很精神！

原来，并不是所有的东西只有一面美，当你仔细观察时，就会发现其实它们也会有另一种美。这种美，或许抵不上你梦里的情形，可是它的美却是独一无二、无法代替的！

082

# 如此捉"小偷"

周天颐

成长是一条长长的路，如诗如画、如梦如幻，有时兴奋，有时自豪，有时悲伤，有时又有说不出的难过……

还记得那是在一个夏天的晚上，爸爸妈妈到姑姑家去了，我一个人在家看小说《名侦探柯南》。正看得津津有味之时，忽然觉得门外响起了一阵"沙沙沙、沙沙沙"的响声，也许是受了小说情节的影响，我一下子觉得毛骨悚然，仿佛空气都凝固了。我不管三七二十一，索性坐在椅子上，竖着耳朵仔细听着家里的动静。过了一会儿，那诡异的声音又隐隐约约地响了起来，我顿时有一种不祥的感觉，也许是小偷。

我心想：万一小偷把我抓了起来，我不就完啦？片刻之后，我定了定神，壮着胆子来到客厅，准备布下"天罗地网"把小偷"一网打尽"，让他瞧瞧我的厉害！

我用极快的速度向客厅扫视了一遍，然后一个箭步冲到客厅。我先把柜子上的把手用绳子系好，再把另一端系在一个装满水的水盆上，然后又把一个装满玻璃珠的小杯子放在门口，以确保万无一失。我仔细检查了我布下的"天罗地网"后，关上客厅里的灯，轻手轻脚地回到卧室睡觉了。躺在床上，我一头蒙上被子，整个人蜷缩着，像一只受惊的小虾米，心"怦怦"直跳，就像揣着一只小兔子。被子被我拉得紧紧的，死死地蒙在脸上，眼睛也闭得紧紧的，似乎我只要眼睛一睁开，狡猾的小偷就恶狠狠地站在我的床边。"一、二、三，妈妈快回来；一、二、三……"我心中默默地数着小绵羊，不知什么时候，才在惊恐中慢慢地睡去。

第二天早上，可爱的小鸟在绿意盎然的枝头"叽叽喳喳"地唱起了歌，我揉了揉惺忪的睡眼，准备去洗漱。走到客厅，顿时"哐"的一声，一只水盆向我砸来，一盆凉水浇得我立刻成了一只落汤鸡，玻璃珠也没放过我，砸得我的脑门生疼生疼的。"哎哟哟"，我连连求饶，等我回过神来，才明白这是掉进自己设的"天罗地网"里了。

这时，爸爸妈妈回来了，看到家里一片狼藉，也不知发生了什么事，听了我的故事后，都哈哈大笑起来，但也竖起大拇指，夸奖我的机警。

成长，时而快乐，时而悲伤。这件事只是我成长旅途中一朵明丽的小花，我相信在我的成长道路上一定会有更多辉煌无比的精彩！

# 围棋中的战斗

张天野

中午过后，阳光明媚，小鸟叽叽喳喳地叫着，一切都显得那么平静。我家里的围棋盘上却硝烟四起，战火纷飞。

吃过饭后，我就急忙拉着爸爸下围棋。我总是他的手下败将，心里实在不甘哪！我先布下了自创阵法：星罗万象阵。这个阵法可是我经过好几个星期才琢磨出来的，我想出这个阵法就是为了在这一天把爸爸打败。爸爸只要在我这个阵地走出任何一步立刻就会被吃掉。哈！爸爸果然上当了，连连被我吃掉了几个子。我扬扬得意，老爸，等着失败吧！

爸爸放弃了吃掉这一块的打算，在我布下的阵外围了一圈，看样子是打算与我打持久战了。我当然不会坐以待毙。只要一发现破绽，我就会立刻冲上去把那颗子拿下。

我趁势扩大地盘，爸爸试图来阻止我，我们打起了对攻战。正当我得意扬扬之时，忽然发现我的自创阵法露出了一个破绽。我的心立刻揪紧了。我用眼角的余光看了爸爸一下，心里祈祷着，千万不要被发现啊！我希望爸爸此时的思维糊涂些，我更希望爸爸的眼花些。但是，我的那个破绽还是被爸爸的"火眼金睛"察觉了。我又用乞求的眼光看着爸爸，希望他能放我一马。爸爸却毫不理会，立即抓住战机，一步步逼过来。温暖柔和的阳光照在我身上，我却觉得燥热无比。

祸不单行，爸爸又发现了星罗万象阵的一个小弱点，那弱点竟连我也不清楚。我创造的星罗万象阵瞬时被破了，真是"千里之堤，溃于蚁穴"，看着一大盘残局，我的心坠入了冰点。

我一个人躲在房间里难过，爸爸来了："孩子，你创造的阵法很不错，只需要修改一下，我以后就不一定打得过你。但是要我让给你是没意思的，你要真正地战胜我。"

听了老爸的话，我想了想，心里亮了许多。我要屡败屡战，直到找到对方的弱点，总有一天，爸爸会成为我手下败将的。


# 当回护蛋妈妈

范　遥

成长是一棵树，片片树叶都是幸福的记载，成长也是五味瓶，瓶里装有酸甜苦辣。在我的成长日记中，护蛋故事让我体验了一回当妈妈的感觉。

首先，我从"冰箱孤儿院"抱养了一只小鸡蛋，我先帮蛋宝宝洗澡，然后给它穿上云朵小裙。哇！一个可爱的蛋宝宝诞生了。

艳阳高照，我的蛋宝宝就跟着我上学去了。每天的课程都丰富多彩，第一天就迎来了最危险的体育课，真是让我胆战心惊。许老师先让我们跑步，跑到一半时，我生怕自己不小心，口袋中的鸡宝宝会飞身而出。平时我总是使出九牛二虎之力，向前飞奔，但今天我觉得跑道变得那么可怕，我放慢脚步，再放慢脚步。但是可怕的一幕终于来了，我的蛋宝宝不知什么时候溜出了我的口袋。"啊！"我大叫一声，当时的空气好像都凝固了，蛋宝宝的生死就在一刹那，我闭上了眼睛，伸手去接，只听"啪"的一声，我以为蛋宝宝粉身碎骨了，可没想到我竟然接住了，我悬着的心终于也落了下来。我拍拍胸口："吓死我了！吓死我了！"第一关终于过了，蛋宝宝安然无恙地看着我，笑眯眯的，我松了口气，也很高兴。

转眼放学的时间到了，我就带着蛋宝宝一起回家，我想：万一在上车时我可爱的蛋宝宝碎了怎么办？那我之前的努力不就白费了？不不不，一定要坚持到最后。上车了，我在人群中挤来挤去，这时有位叔叔的包挤着我的手，眼看我的蛋宝宝又要接受一次考验，我用全身的力气去抵挡住包。这一瞬间，我眼前仿佛出现了小时候妈妈抱我时的情景。"我无论如何也要上去。"我心里边想着边拼出吃奶的力气挤了上去。下车时，我又从人群中挤了出来。整个坐车过程中，我的手心里全都是汗，心也一直悬在嗓子眼儿上。

从护蛋活动中，我体会到妈妈平时是多么的含辛茹苦。从小到大，她就一直呵护着我，不让我受到任何伤害。母爱是无私的，她就像一条河，没有人能够阻挡她永远地流淌。没有妈妈的地方，就少了家的温暖，没有妈妈的地方，就没有爱的温情。

成长的路，就像一本日记，记载着我生活中的点点滴滴。这次护蛋活动，让我体会了当妈妈的辛苦，我想大声说："我长大了！"

# 一次"秀逗"的经历

沈　奥

最近，学校里刮起了一阵"秀逗"风，每天放学，走到文具店，总要听见几句和"秀逗"有关的话：

"秀逗糖，叔叔，我要秀逗。"

"秀逗好好吃，我要多买几包。"

"呀，酸死了，秀逗真酸。"

秀逗？那是什么玩意儿？我带着一颗好奇的心，走进文具店。只见卖"秀逗"的地方挤满了人，围得里三层，外三层，店员阿姨重复着接钱、给糖的机械式动作，活像一个机器人。我在人群里被挤来挤去，又被挤牙膏似的挤出了店。可我并不懊恼，反之还有些兴奋："秀逗"这么受欢迎，一定超级好吃！我兴致勃勃地再次冲入店里。

"阿姨，给我一包'秀逗'！"我一手拿着钱，一手抓着货架，唯恐再被挤出店外。

"好嘞，你要什么味？"阿姨一边问我，一边继续拿秀逗给别人。

"啊？什么味？"我茫然了，一时答不上话，不知该怎么办。

"柠檬吧，柠檬最好吃，我吃过。"一位"秀逗"的"铁杆粉丝"向我推荐。我也吃不准该怎么办，索性听他的好了。

当我再次站在店门口时，手里多了包"秀逗"糖。我像三天没吃饭似的，迫不及待地打开了"秀逗"。里面是个双层袋子，装着一颗颗硬糖，大包装上印着一行警告的字：前50秒超酸，坚持住！哼，酸？我天生爱吃酸，醋我都敢喝，一颗小小的糖能奈我何？我撕开小包装，一颗黄色的小糖进入眼帘，我毫不犹豫地往嘴里一塞，眨着眼，等着效果。

突然，一股酸弥漫在嘴边，迅速在体内扩散开，我全身犹如电击一般颤了一下，所有的细胞好像都在为躲避酸味而奔跑起来，所有的毛孔好像都紧紧地收缩了起来。我不禁皱起眉头，下意识闭上了眼睛，又突然睁开眼睛，往手表上看。天，才二十秒而已，还有三十秒……理智命令我吐掉"秀逗"，可嘴巴张不开，要是吐掉了，二十秒岂不白受苦了？要是吐掉了，岂不被人笑话？我的脸因酸味都扭曲了，眉毛、眼睛也变形了，那样子一定十分滑稽。呼，还剩十秒，这短短的四十秒，让我的"五脏六腑"翻江倒海，我仿佛都失去味觉了。

时间到！顿时，酸味像士兵听到了将军的撤退命令一般，一下子消失得无影无踪，取而代之的，是甜甜的，说不出的味道。如果说酸味是交响曲，那甜味就是小夜曲。甜味慢慢地流入心房，将酸味洗刷干净。真是舒畅啊！这就是"酸尽甜来"啊！

我忽然好像明白了什么似的：生活就像"秀逗"，只有在困难面前敢于承受，敢于挑战，才能成功，享受喜悦。"酸尽甜来"，"秀逗"让我知道，阳光总在风雨后！

# 我得了"话癌"

邱虹嘉

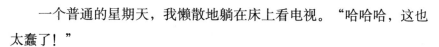

一个普通的星期天，我懒散地躺在床上看电视。"哈哈哈，这也太蠢了！"

"这人怎么那么差劲呀！"正当我边看边点评的时候，一个长相奇特的怪物忽然来到了我身边。它一把抓住我的手，语重心长地说："呵呵，我终于找到替代品了！现在，我把我得的病传给你，让你好好感受一下什么叫'话癌'！"什么？是在做梦吧？世上怎么会有"话癌"这种病呀？正想着，怪物拿起一个话筒，一下子向我敲来，我瞬间就失去了知觉。

不知道过了多久，我醒了过来，发现自己并没有什么变化。于是，我大叫起来："是假的是假的，什么话癌，都是假的！"然而，我突然觉得，嘴巴不受自己的控制了，话像连珠炮一样，不停地往外涌，而且还自带各种毒舌"特效"。我一会儿说某家店的商品不好，一会儿又说某个人的态度不好……但是，我并不想说这些话啊！

星期一，我得去上学了。出门前，我戴好口罩，又戴上了耳机。你问我咋这么打扮？因为我怕别人听见我讲的话啊。我自己也不想听自己的那些"吐槽"，不得已，才用了这种掩耳盗铃式的方法。没想到，到了街上，情况比我想象的还严重：我路过一户，就"吐槽"一

进步？退步？

户，从别人家的屋顶到别人家的墙角，能说的，没什么可说的，我都说了个遍。所有人都被我逼得忍无可忍，终于，医学家、科学家、物理学家、化学家、数学家们为了治好我的话癌，联合起来想办法。他们尝试了各种方法都没用，差点儿要给我的舌头"截肢"了。可他们化验了我的舌头提取物之后发现，即使是"截舌"，也会再长出新的舌头来。没办法，为了全地球人民的清静，大家只好把我送入了太空。

到了太空，我还是不停地说话，把黑洞都给说破了，把火星、水星、土星、冥王星等星球都说得消失了。科学家们担心我哪一天会把地球给说消失了，就叫我说自己。为了地球上的爸爸妈妈、亲朋好友，我只能把自己列为"吐槽"的对象了。我说呀，说呀，最终，我的全身只剩下了一张嘴。如果你在太空旅行的时候看到了一张嘴，请你千万不要靠过来，因为我很有可能把话癌传染给你哟！

090

# 买 衣 记

余木林

周末的一天，老妈突然发现我长高了不少。这就意味着，以前的冬装我肯定穿不上了。老妈当即决定，带我奔赴商场买衣服。

我老妈买衣服有三大原则——

原则一：非棉服不买（仅限冬天）

老妈对棉服情有独钟。放眼望去，商场的羽绒服种类多，棉服少得可怜：羽绒服很时尚。棉服太过普通。我们看中的几款全是羽绒服，真让人扫兴。后来，我们干脆直接问营业员棉服有哪几款。营业员很纳闷："为什么不选羽绒服呢？羽绒服轻便，保暖性好，款式还多。"妈妈说出的理由让她大跌眼镜："小孩子，火气重，穿羽绒服哪受得了？再说了，重庆的冬天也就在10摄氏度左右，也不是多冷呀。"

原则二：非"材貌"双全者不买

正在我们一筹莫展的时候，老妈的眼睛突然一亮，拉着我就朝一个方向冲了过去。原来，她发现了一款白色的连帽外套，外套的袖口有英文字母镶边，看上去既休闲又洋气，我也心动了。老妈把衣服的一角夹在手指间，小心翼翼地感觉："嗯，不是羽绒服。"老妈又向营业员确认："这是棉服吧？"嗯，是棉服。"我赶紧试了一下衣服，穿上后挺好看的。"看，我的欣赏水平没错吧？还是这种款式简单的穿着好看。尤其是白色，特洋气！"老妈一脸的得意扬扬。

原则三：非比价不买

"现在有活动没有？打几折？"老妈开始询问了。"才八折呀，太少了点儿吧？七折行不行？"正砍着价，老妈忽然发现了一件眼熟的衣服——我们在别的商场看到过这种款式，人家可是打五折呢！老妈赶紧去找营业员理论，营业员说，即使是同一个品牌，各个商场的折扣也可能不一样，这很正常。这下老妈犯难了：不买吧，真不甘心，因为这可是我们好不容易相中的；买吧，真心感觉亏呀，中间差着好几百"大洋"呢。老妈问我："你喜欢不？如果喜欢的话，老妈就买。"我是真的喜欢呀！听到我的答复后，老妈下了决心，说："好吧，买了！"付钱后，老妈把票据小心翼翼地折好，放到袋子里，对营业员说："我明天去'重百'（重庆百货大楼）看看，如果那边打五折的话，我肯定要把这件退回来的哟。"

你问我老妈后来有没有去比价？那当然是——有啦！第二天一大

进步？退步？

早，老妈就来到了"重百"专柜。"重百"虽然全场五折，但没有我们买的那款服装。老妈总算长长地舒了一口气，这件衣服也终于在我家"安家"啦。

# 毛衣里的爱

薛韵闪

开学前夕，妈妈带我去逛街。走着走着，我突然发现前方小店外有一群奶奶正坐着织毛衣。我好奇地往店铺里一看，哇！毛衣琳琅满目，看得我眼花缭乱。我冲进店里，东摸摸西看看，每一件都想买回家。妈妈说："喜欢哪件？妈妈给你买。"老板却说："我们这里不卖毛衣，只卖毛线，但我可以教你织毛衣。""我从来没做过针线活，怎么学得会这么复杂的技术呢？你看我家孩子这么喜欢，你开个价，我们买一件。"妈妈说。"不好意思，我们这些毛衣都是样品，每款只有一件。你还是选一种款式吧，我保证把你教会。"

于是，我选了一件有小兔子图案的毛衣。妈妈让我试穿了一下，哇！太好看了！即使现在的气温有二十多摄氏度，穿上毛衣热得汗流浃背，我也舍不得把它脱下来。妈妈又和老板软磨硬泡，但老板始终不卖。妈妈无可奈何，只好买了针线，现学起织毛衣来。看着妈妈那笨拙的样子，我有些失望，我觉得，妈妈织出的毛衣一定不好看。

经过一个多小时坚持不懈的努力，妈妈终于学会了最简单的平针织法。老板给妈妈写了一个单子，让妈妈回家后按单子的要求继续织，可妈妈一回家就把刚学到的技术给抛到了九霄云外。第二天，妈妈只好坐了一个多小时公交车去店铺重新学习。可怜妈妈晕车，一下车就吐得稀里哗啦的。

一个星期后，我把妈妈织了一半的毛衣拿起来一看，咦？怎么有个洞？噢！原来妈妈织漏针了。妈妈只好把它拆了重新织。可妈妈不是漏针，就是把毛衣织反了。就这样，织了拆，拆了织，半个月过去了，毛衣始终还是一团毛线。妈妈觉得老是这样很浪费工夫，只好去店铺里织。因为晕车，妈妈每次只能骑自行车去。一个多月后，我的毛衣大功告成，妈妈也瘦了一圈。

我穿着新毛衣在镜子前照了又照，又蹦又跳，高兴得好像随时都有可能逃离地心引力。我对妈妈说："谢谢妈妈，您这手艺，简直和店铺里挂的样品不分上下。"妈妈微笑着说："你喜欢就好。"

"你喜欢就好。"这是多么平常的一句话！但这句话中，却包含着妈妈对我无限的爱。

093

# 坐"海盗船"

袁思睿

寒假进入倒计时，老妈抓紧假期的"尾巴"，带我出去玩。

这天，我们又来到了飞来湖游乐园。游乐园里到处都是刺激的游乐设施，有疯狂的"过山车"、在半空中飞速旋转的"太空漫步"、惊险的"水上碰碰船"……其中，最刺激的要数"海盗船"了。

高大的"海盗船"吊在空中，徐徐地荡高，荡得最高的时候，船似乎马上就要翻转过来了！听着船上游客的尖叫声，我对坐"海盗船"越来越向往。在船就要翻转过来的那一刻，会有多好玩、多刺激啊！

于是，我拉了拉老妈的手，说："不如我们去坐'海盗船'吧！"老妈盯着越荡越高的"海盗船"，没有回应我。唉，还是算了吧，老妈本来就胆小如鼠，平时见到一只蟑螂都会大惊小怪。她连打打杀杀的电影镜头都不敢看，更别说坐这个看起来有点儿恐怖的"海盗船"了！

我拉着老妈的手正要离开，老妈突然说了一声："好！"声音不大，却很坚定。嘀，难得老妈勇敢了一回！

上了"海盗船"，老妈紧紧地抓着安全带，脸色凝重，一声不吭，我却兴奋得东张西望。船缓缓地荡了起来，刚开始荡得很慢、很低，但渐渐就加快了速度，荡得越来越高。我往下一看，立刻吓得魂飞魄散：我们竟然在距离地面十几米的高空！现在，我总算明白这个游乐设施为什么要叫"海盗船"了——我们现在的处境就像在暴风雨中的海盗船上，而且还被推上了浪峰！我也顾不上老妈了，赶紧闭上眼睛，咬紧牙关。我的耳朵里灌满了对面一个女孩发出的凄惨叫声："哇啊啊！啊啊啊！救命啊——"

不知过了多久，这个恐怖的噩梦终于结束了！

我和老妈互相搀扶着，颤巍巍地下了"船"。我看向老妈，只见她面呈菜色，嘴唇也被咬出了一道牙印子。我忽然明白过来，老妈陪我坐"海盗船"，不是她忽然变得大胆了，而是为了不扫我的兴，"舍命陪君子"啊！

这下，我更爱老妈了。

# 心中的美好家园

　　花园的中央，荡漾着一池荷塘，塘中的水仙与荷花，摇曳生姿，微风吹起，宛如花仙子在翩翩起舞。池中的鱼儿在水里嬉戏，尾巴摆来摆去，身子一摇一摆，嘴里还欢快地吐着泡泡。

# 半 日 闲

孟凡浩

"清晨听到公鸡叫，喔喔……"唱着欢快的小曲，开始了乡下新的一天。

公鸡还在打鸣，大家纷纷被唤醒。开门第一件事，是我和三叔家的哥哥、姐姐冲向鸡棚收鸡蛋。鸡蛋绝对新鲜，上面还沾着土，营养又天然。接下来，应该去田野给这些"功臣"寻找"奖品"了，田中的害虫：蝗虫、毛毛虫、臭虫、千足虫……都是我们的猎物。我一时兴起，又找了些嫩草叶类的小食，鼓励它们多生产。做完鸡棚的活计后，早饭就好了！有香喷喷的煮鸡蛋，剥去蛋白，露出金黄时，满屋就会飘起一阵阵的浓香；有香喷喷的蒸红薯，白中带灰，虽外貌平平，但十分绵甜，让人禁不住垂涎三尺；还有晋南手工馍……早饭吃得饱饱，我们就拿起工具去打枣。

走过几道弯、绕过几个坡，再走一段不远的路就到了。我架起了梯子，拿上又长又重的棍子，爬上了树，哥哥、姐姐不用梯子，早已直接爬了上去。因为我体重轻，所以站在最上面，"大部队"全部到位，我伸钩子，钩住一枝枣，一摇，枣像雨点般哗哗地落了下来。姐姐也不示弱，用手抓住一枝用力摇……突然哥哥喊了一声，低头看去，他正冲我们做鬼脸呢，还笑我和姐姐是树上的"猩猩"。我和姐

姐钩住他头顶的两枝，狠狠地往下压、放手，枣像冰球一样纷纷落下，砸了他一身，哥哥一惊，第二波"红冰球"又砸了下来，他只好灰溜溜地闪了。

快乐的上午真短暂，一眨眼到了中午，我们满载而归，田野上回荡着我们的欢笑声……

# 海门老街

潘雯慧

海门老街位于椒江中山东路与东新街之间，我家就这老街附近，这儿是个热闹的商业小街。

早晨，旭日东升，柔和的阳光照在海门老街上，一切都暖洋洋的，这时，大街上还很清静。渐渐地，上班的人们经过海门老街，留下了一串串铃声；上学的孩子们经过海门老街，丢下了一串串歌声；做生意的人们也开始摆摊开店，洒下了一串串吆喝声……

中午，强烈的阳光透过树叶的缝隙洒在海门老街上，使本来就热闹的海门老街更加红火。一个个路边摊各具特色，吸引了熙熙攘攘的人群。首饰摊前，姑娘们在选购称心如意的首饰，各种小商品琳琅满目：胸针、头花、粉盒、钥匙扣……真是叫人眼花缭乱。服装摊前最热闹，这个来买，那个来选，可把摊主乐坏了。最吸引人的当然要数怡人服装店了，顾客走进去就像进入了精品的海洋，再加上价格合理，服务热情，好不叫人乘兴而来，满意而归呀。欢声笑语组成了海门老街高昂激越的乐章。

夜幕渐渐降临了，喧闹了一天的海门老街才开始步入了宁静。皎洁的月光洒在海门老街上，像给海门老街披上了一层银纱。位于街西侧的老槐树也张开了长长的臂膀，在晚风中慢慢摇摆，像一位温柔的母亲轻轻地安抚着宝宝入睡。你听，那"沙沙"声，正是树妈妈在给宝宝唱美妙的儿歌呢，虽然我听不懂它们的语言，但那有节奏的声音，还是使我不禁想起舒伯特的《摇篮曲》。

海门老街就这样在一片宁静中沉睡了，而我还站在街道中间，欣赏着这一片静谧，同时，我的心里也正在期待着明天的到来，期待着新乐章的奏响……

# 一杯温牛奶

杨心悦

又累又烦的晚上，作业多得写不过来。月亮已经爬到了半空，时钟"嘀嗒嘀嗒"地指向10点时，我还有一张画没勾线。

正当我打着哈欠与疲惫作斗争时，爷爷端着一杯热气腾腾的牛奶进来了。我的爷爷有着一头黑白相间的头发，眼角边有几条鱼尾纹，挺着个大大的啤酒肚。爷爷身材高大，性格爽朗，见人总是微笑着点点头，很和蔼。他把牛奶轻轻放在桌上，嘴里说："辛苦了，喝点儿牛奶休息一下吧！"我毫不理会，只是淡淡地"哦"了一声，埋头继续画画。爷爷又说："你还有多少没画完啊？尽量早点儿画好，明天精神饱满地去上学，别累坏了！"我小声说："勾线很快的，牛奶我待会儿再喝。"爷爷听着不吭声了，坐在椅子上平静地望着我，帮我检查作业，有时还抬头看看墙上的钟，再也没打扰我。

　　大约半小时后，我终于长舒了一口气，收工了。爷爷见我好了，笑了起来："终于好了！快喝点儿牛奶，休息一下，把口算上错的一道题目改好就能洗漱睡觉了。这次作业的正确率大有提高呢！"听爷爷这么一说，我也很高兴，烦恼一下子就抛到九霄云外去了。我拿起杯子，发现牛奶已经凉了。爷爷看到了，挠挠后脑勺，笑了笑，接过牛奶，大踏步走进厨房去温牛奶了。

　　我看着爷爷，想到刚才爷爷让我休息，我却头也不抬一下，就有眼泪在眼眶中打转了，心想："爷爷都快古稀了，还整天陪我学习、看习题。有时连我这个学生都不会做的题目却被爷爷解开了，可见爷爷花了多少工夫在家里做算术、看教材啊！现在又陪我到10点半才睡，帮我干这干那的。我真的好惭愧啊！"想着想着，我不禁揉了揉眼睛。

　　"热好啦！"爷爷端着牛奶过来了。我小心地接过杯子，享受地把整杯牛奶喝了个底朝天。暖暖的牛奶融在了我的胃里，也融在了我的心里……

# 超市购物袋的一生

张馨予

　　嗨！我是一个超市购物袋，你们知道我是怎么来的吗？我是由又黑又黏的原油经过粉身碎骨的变化，脱胎换骨后成为晶莹透亮颗粒状的聚乙烯，经太上老君的"八卦火炉"加热后再经机器加工，摇身一变成了洁白如雪的塑料袋。看，我的身上还有专门定制的刺青呢——"超市购物"。

　　哇！好香呀！看看，什么叫天堂，我的旁边全是香气扑鼻的零食，把我馋得垂涎欲滴。我正陶醉在这美妙的环境里，一个阿姨走了过来，把好多的美味零食填到我的肚子里，把我撑成一个大腹便便的"胖子"，呵，我被"收养"了呀！

　　到了阿姨家，阿姨又把我肚子里的零食一股脑儿地"掏空"，我又变为身无分文的乞丐了。阿姨看我还是那么洁白无瑕，便又在我肚子里装上零散的小东西：发卡、装饰盒……真是应有尽有呀，我摇身一变成为"百货袋"，我成"富翁"了！

　　后来，我的身上慢慢地落了些灰尘，女主人也开始嫌弃我了，但看我的肚子挺大的，便把我套在垃圾桶上当作"垃圾袋"了。这对我来说就是天大的耻辱呀！我的肚子很快变得非常肮脏：西瓜皮、废纸、烂菜叶……把我熏得透不过气来。

"嗖"的一下，我被女主人彻底抛弃了，变成了一个"弃婴"。躺在臭气熏天的垃圾堆里，我被熏得快窒息了，肚子也不知道什么时候被划破了，我痛得直流泪。我拼命地挣扎，慢慢地把垃圾从我的肚子里倒了出来。

　　一阵风吹了过来，我飘了起来，外面的空气真是好呀！我和伙伴们在天空中翩翩起舞，跳起了"华尔兹"。我们正在得意忘形的时候，路人却生气地说："这些塑料袋太污染环境了。"什么？污染环境？我什么时候变成了"老鼠过街——人人喊打"？太让人伤心了！这是我的错吗？

　　风慢慢停了下来，我也垂头丧气地飘落在野外，却被一伙在野外玩火的男孩儿捡到，他们如获至宝地把我投到一堆燃着小火苗的柴草上。一阵撕心裂肺的疼痛传遍全身，我发出刺鼻难闻的味道，随着一缕黑烟飘上了天空，我彻底完蛋了。

　　唉！我的一生真是先甜后苦，最后留得恶名在人间。这是我的错吗？

101

# 有个哥哥真幸福

张笑灿

　　个儿不高，嘴不大，一双眼睛会说话，这就是我的哥哥。哥哥对我可疼爱了，只是比较任性的我很多时候并不能真正地用心去体会……

记得有个周末的早晨，我和哥哥要骑车去同学家借书，就辆自行车，我和哥哥都争着骑。哥哥说："那就用剪子包袱锤来决定。""比就比！"我沉不住气了，"1、2、3……"哥哥总是比我慢半拍，三局都是哥哥赢了，没办法，耍赖也是他的强项，我只好让哥哥骑车载着我了。

路上哥哥对我有说有笑的，我总是嫌太慢，一个劲儿地喊"加油加油"，哥哥真是卖力，身体左摆右斜地，车子在飞快地前行，看来他是用足了力气，头上都冒出热气了。

到了目的地，哥哥累得是气喘吁吁的，我开玩笑地说："活该，谁让你和我争着骑呢！"哥哥声称要在外面看车，顺便凉快一下，让我去取书。我飞快地向同学家跑去。

取了书，我和同学在阳台上聊了会儿，透过窗户往下看，只见哥哥在楼下裹紧了衣服，不停地走来走去。已是深秋，树叶在凉飕飕的秋风中飘零着，哥哥定是感觉到冷了，我赶紧下楼去。

我要求带着哥哥往回赶，可他不让，笑呵呵地说："我有些冷，运动运动会热乎些。"我坐在哥哥的背后，车子走起来时风更大了些，把哥哥的头发撩了起来，我也感觉到了冷意，不由地向哥哥的背靠得更紧了，一种感动与愧疚涌在心中……

其实哥哥是在生活的细节处无时无刻不在呵护着我，只是粗心的我不能敏感地感受到。

有个能疼爱自己的哥哥真好！

# 爷爷是个老顽童

张柔淇

爷爷是个出了名的老顽童，在我们村里，他爱说爱唱爱玩，算得上是个"十八般武艺样样精通"的新一代酷老头。在我心里，爷爷算得上最可亲的人了，我就喜欢爷爷的"顽"劲儿。

这不，刚吃完饭，爷爷又吆喝起来："今天，我给大家讲一个《石猴出世》的故事，谁都不要错过机会啊。"只等每个人都坐稳了，爷爷就开始用洪亮的声音滔滔不绝地讲述起来："从前在东海里有座神山……"爷爷越讲越起劲，我是越听越不耐烦。于是，我故意发出"吱吱"的叫声，爷爷停止讲述，俯下身子仔细寻找发出可疑声音的东西，半天也没找着。大家都暗自发笑，谁也没告诉他。忽然，只见他笑容可掬地叫："看来我的故事讲得太好听了，连老鼠也来为我捧场。"随后便一本正经地清了清嗓子。全家人轰然大笑。

除了讲笑话外，这"老顽童"还是十足的追星族呢！比如说前几天在家里看电视，当时正播放周杰伦的《菊花台》。爷爷听得入了迷，歌唱完了，他就打开电脑上网搜索这首歌，然后坐在电脑前，戴上耳机，跟着节拍又哼又舞的，搞得看到的人都说："呵呵，这个老顽童啊……"爷爷听了呵呵一笑："这就叫活到老学到老啊。"唉，全家人真拿这个老顽童没办法呀。

爷爷玩起游戏来也是有一手的。那次，爷爷见我在踢毽子，就提出要和我赛一场。我得意扬扬，信心百倍地说："没问题！"心想爷爷年纪这么大了，我还怕不能获胜吗？比赛进行得很快，不知是我求胜心切还是怎的，爷爷竟然轻松获胜，我被这突如其来的失败惊得不知所措。爷爷倒春风满面，吹嘘起来："想当年，我可是踢毽子高手啊……"唉，又来了，这"老顽童"总喜欢对自己的陈年旧事夸夸其谈。

"老顽童"的名号已经在我家传开了，爷爷也不生气，任由我们这样称呼。爷爷凡事都以乐观的态度去对待，所以他每一天都过得开开心心，我们家里也每天都充满了欢声笑语。

# "洗"糖

秦潇潇

金色童年里的趣事就像满天的繁星一样，数不胜数。

六岁的一天，我在家里学着电视上的小朋友画画。突然，妈妈的喊声打断了我的思路。她说："家里的糖用完了，你去帮妈妈买一袋回来。"说着，把十元钱塞在了我小小的手中。

我来到一家超市，买了一袋白糖。走在半路上忍不住用那尖尖的小"兔子牙"把糖袋子咬开，用手指蘸了一点儿糖，放进嘴里舔了舔，甜丝丝的，好吃极了。我蘸了一次又蘸一次……光顾解馋，没看脚下，"扑通"一下，我被一块石头绊倒了，洁白的糖粒撒了一地。

我心想："这可怎么办？"我急忙把糖从地上捧起来，再装进袋子里，可是白白的糖粒和土、沙子混在一起，我想："妈妈一定会骂我的。"突然，我想起了妈妈平时做米饭都是先洗一洗米，我就洗洗糖吧。我悄悄地溜进洗手间，把糖倒进一个有水的盆里，洗起糖来。可洗着洗着糖越洗越少，最后竟然不见了糖的踪影。我正纳闷呢，妈妈进来了。我伤心地哭着跑到她面前说了事情的经过。妈妈听后真是哭笑不得，然后认真地对我说："傻孩子，糖遇水是会融化的，糖不能洗啊。"

现在想起来，那时候真是傻得可爱！毕竟是小孩子嘛，可以原谅哟！那时候的我是多么单纯，多么幼稚啊！可是，我多么希望童年不要过去呀！这样，我就可以每天都在幸福而又快乐的童年中度过。

童年，多么令人难忘！可它像蒲公英的种子，随着风越飘越远了……

我要把剩下的童年时光好好地把握，不让时间悄然地走过，每一天都快乐地度过！

# 撒　　谎

黄传珍

打小时候起，爸爸妈妈就经常教育我："不能撒谎，撒谎不是好孩子。"

上幼儿园后，阿姨们也教育我要做诚实的孩子，不要撒谎，她们一次又一次地给我讲小列宁摔碎花瓶的故事，让"不撒谎，做好孩子"的思想从小就在我的心里深深扎下了根。我可不想做个坏孩子，所以我从不撒谎，经常受到老师和父母的表扬。

哦，原来诚实不撒谎就可以得到表扬。

上了小学，老师依旧教导我们要做诚实的孩子，不撒谎。只是随着年龄的增长，给我们讲的次数也就少了些。冬天的一个寒冷的早晨，我因为赖床而上学迟到了。老师问我为什么迟到，我手足无措，怕挨批评，就随便挤出一句："我……我……我家的闹钟坏了，今天早上没有响。"老师看起来并没生气，就点点头放我进去。

哦，原来撒谎可以不受批评。

一次，朋友借走我心爱的玩具，数日后，我去索要时，她说东西不见了。当我转身离开时，却发现她在角落里独自把玩我心爱的玩具。不知为什么，我的心就像是在滴血一般痛。

哦，原来撒谎可以让别人无比伤心。

快到期末考试时，父母为了我的衣、食、住、行等后勤工作操了许多心，付出了很多的精力。一天学校放假，妈妈一边忙着做家务，一边陪伴着我复习。无形的压力使我心情烦躁得很，我随手拿来一摞报纸，准备看看报纸，放松放松。妈妈急忙赶来从我手上的报纸中抽出一张黑胶袋。我忙问她："那是什么？"妈妈的神情非常紧张，说："没什么，只是一张没用的纸。"我看情况不对，顺手拿过妈妈手中的东西，一看，竟是一张手臂骨骼透视胶片。

"这是你的吗？妈！"我害怕地问。

"没什么，前几天我不小心摔了一跤，就去医院拍了一张，一看没什么大事，你看，这不好好的嘛！"妈妈说着，伸出一只手臂让我看。

妈妈为了不影响我学习，摔跤了也不告诉我，用一句"没什么，一张没用的废纸"来欺骗我。唉！想到这里，我的心被一股暖流紧紧地围住。

哦，原来撒谎可以以爱的名义。

我发现了身边的撒谎大致可以分为两类：一类是自私自利的人，为了自己的利益而撒谎伤害他人，这类撒谎丑陋无比；另一类是出于关爱他人，而暂时不愿说出真相，因而编造出来的谎言，这类谎言是善意的，就像是泥塘中盛开的荷花，芳香明艳，美丽无比。

# 老 篾 匠

吴雅哲

夕阳，透过楼层的缝隙，将古城闹市中的天桥渲染成明丽的金黄色。

天桥的中央，一位高寿的老人盘坐地上，那双青筋暴露、长满老茧的大手，灵活地削着又长又粗的翠竹。削好的竹片就像柔韧的藤条，在老人专注的目光里，翻转腾挪，很快就被编织成竹篮、竹筐、竹筒、竹制书签等精美工艺品，让人啧啧称叹，爱不释手。

我不知道老人姓甚名谁，私下里，我称他为老篾匠，一位值得人尊敬的"艺术家"！

每次回家路过，我总是不由自主地在老人身边"泡蘑菇"，一边欣赏竹片曼妙的舞蹈，一边放飞灿烂的心情。

也许是见我太过痴迷，有一天，老人停下手里的活儿，抬头望着我笑了笑，并指了指那个没有完成的竹制品，问我是否也想动手试试？我受宠若惊，略显羞涩地拖动僵硬的脚步，蹭向老人身边跪坐下来，触摸竹片的一瞬，就感觉到翠竹野性的张力向我袭来。好在老人早已洞察到我的窘境，他俯下身来，握着我的手，将几缕竹片拽在手里，一会儿翻上，一会儿压下，交错地编在一起，就像编织柔软的毛线。适才还野性难驯的竹片，瞬间被调教得"言听计从"，好不乖巧柔美。

不大一会儿工夫，一件玲珑剔透的艺术品在我的手里"破茧化蝶"！

一次难忘的手工制作体验，让我触摸到老人一颗童真的心。

天桥依然屹立不倒。老篾匠在夕阳余晖的映照里忙碌着，就像天桥的灵魂，不停地散发着浓浓的诗意，温暖着每一个人。

108

# 我家的"大侦探"

田诗淇

要说谁是我们家的"大侦探"，那一定非我爸爸莫属。他那双"火眼金睛"，能看透一切东西，我做的那些"丑事"，也总是瞒不住他。

爸爸"国"字型的脸上，两只眼睛笑起来眯成一条缝。个子中等，身材不胖不瘦。别看我爸爸平时大大咧咧，做起事来可认真了。

爸爸每天早上出去上班，要下午才回来。妈妈在幼儿园工作，中午也很少回来吃饭。这一系列的条件便为我提供了"作案"的机会。

有一天中午，爸爸妈妈都说好不回家。我的"鼠胆"便大了起来，从容不迫地打开电视机，津津有味地看起了《开心星球》，还边看边吃着妈妈在超市为我买的零食。

正看得起劲时，"咔嚓"一声门响把我吓坏了，我偷偷地从门孔里一看，哎呀！不好，爸爸回来了——我顾不得想，用最快的速度去关电视机，然后假装坐在沙发上拿出一本书翻阅着，心里暗暗松了口气。就在这时，爸爸开门进来，我赶紧若无其事地跟他打招呼。

爸爸瞅了我一眼，问："是不是又看电视了？"我禁不住脸红起来，但还是"鸭子死了——嘴巴硬"，连忙说道："没……我没看过电视呀！您瞧，我不是在看书吗？"爸爸不信，开始搜寻我"作案"的证据。

这时，我心里像揣着一只小兔子似的，"怦怦"直跳，怕得要命。"找到啦！"爸爸一声大叫。原来，爸爸往机顶盒以及电视机的"屁股"上一摸，还真发热，因为凡是机器，使用后都会产生热量，电视机也不例外。

爸爸走到我身边，意味深长地对我说："孩子，少看点儿电视，经常看，会伤害眼睛，你这个'电视迷'可要注意了！"我笑着回答："老爸，下次我一定少看点儿！""电视机案件"就此结束了。

怎么样，听了我的介绍，你们一定会叹服我们家的这位"大侦探"吧！

# 蚂蚁比武大会

徐　艳

　　一天，我正躺在床上看爸爸给我新买的《中国少年儿童百科全书》。忽然，一行字映入我的眼帘——不是同一窝的蚂蚁会互相打斗。好动的我一下子坐了起来，心想：我不正想看一看动物厮杀的场面吗，现在有机会了，何不去试一试。想到这儿，我便飞快地跑到楼下，约上我的好友小刚，准备举办一次"蚂蚁比武大会"。规则是这样的：我俩各做一军统帅，士兵当然是蚂蚁了，每人十只。战斗完毕后，失败者将请胜利者吃冰激凌。

　　为了验证书上所说的事情，也为了赢得比武大会的胜利，我俩分别去找两个窝的蚂蚁。我们左挑右捡，终于都捉到了十只自己认为比较强壮的蚂蚁，并把蚂蚁们分别放到同一个小盒的两边，中间用纸板隔开。小刚看到我的蚂蚁，厉声喝道："全是帮无用……咦？书上怎么说来着？"我笑道："瞧把你吓的，话都不会说了。""有本事你来！"小刚边说边抽起纸板。蚂蚁们在纸盒里爬来爬去，我见此状，命令道："进攻！"我的蚂蚁却根本不听话，依旧爬来爬去。小刚笑道："什么统帅呀，早晚得丢了乌纱帽。"正在我万般无奈的时刻，小刚的一只大蚂蚁亮出獠牙，突然向我军发起猛攻，小刚见了大声吼道："干掉它！"很快蚂蚁们扭打起来，小刚的那些大蚂蚁，仗着人高马大，根本不把我的蚂蚁放在眼里，对我的蚂蚁又撕又咬，任意践踏，很快将我的一只蚂蚁置于死地。真让人心疼啊！士可杀不可辱！我心里不由得为蚂蚁鼓劲，期盼蚂蚁们给小刚一个回马枪。蚂蚁们的心情好像跟我一样，也都怀着仇恨。正当小刚高兴得一蹦三尺高的时候，我的蚂蚁们排成一个蚁阵，冲向敌军，我脱口而出："各个击破！"没想到蚂蚁们还会使用阵法。由于我的声音太大，小刚被吓了一跳："什么？"当小刚的目光又回到纸盒里的时候，被吓了一跳，他的蚂蚁们被我的蚂蚁们各个击破的阵法弄得晕头转向，很快就伤的伤、死的死，被全部歼灭了。

回家的路上，我吃着战利品——冰激凌，高兴地对小刚说："你的蚂蚁是大笨熊，我的是这个，哈哈……"我边说边伸出大拇指……

# "胖仔"的故事

蔡启嘉

111

## "胖仔"出逃

今天，我一进家门，便匆匆去看我家的仓鼠——"胖仔"。不料，仓鼠笼空空如也，笼门大开，不用想，"胖仔"一定是"越狱"了！

没办法，家里只能展开轰轰烈烈的找仓鼠活动，誓将那个不听话的"胖仔"捉拿归案！

我拿出一小块白面包，蘸了"胖仔"最爱吃的蜂蜜，还浇了一点牛奶，美味极了，我都想啃一口。我夹着面包，仔细搜寻着每一个角落，试着把面包塞进去，看看有没有动静。厨房查完了，再寻书房……不用说，又是"竹篮打水——一场空"。真不懂，以往看见美食恨不得扑上去的"胖仔"，在关键时刻却能抵住诱惑，"心如止水"。不甘心的我，又仔细搜了书房，确定连根头发丝都没错过才气呼呼地走出去。

突然，有声音从厨房传来，我走近一看，"胖仔"美美地躺在米袋里，抱着大米，不时侧身动几下，换个舒服的姿势继续睡，还咂巴着嘴，说不定它在梦里也在吃着香喷喷的大米呢。

我又好气又好笑，把它捉住，放回了笼子。可是我发现，"胖仔"进了笼子以后，不再活泼好动，而是经常望着笼子外，似乎渴望摆脱这个"牢笼"。但是，"胖仔"眼里牢笼外的"天堂"，充满了危险，随时会丧命，它只能用自由换来一生的丰衣足食，谁也说不准这个代价值不值。

## 自由·死亡

仓鼠"胖仔"又一次逃出了笼子，这次，却再也没能回来。

它逃跑的时候，不幸被家里的粘鼠板粘住，发现时，只有微弱的呼吸证明着它的存在。自由，终于还是要了它的命。自由，从此与"死亡"画上了等号。

之前我的日记里曾经写过："胖仔"用自由换来一生的丰衣足食，谁也说不准这个代价值不值。

现在有了答案：为自由，它宁愿死。

## "胖仔"坟上的小苗

仓鼠"胖仔"死后的一个月，"胖仔"坟头上我做的餐柜全都化入了泥土，荒凉无比。坟头上长出了几株绿油油的小苗。仔细一看，是胖仔最爱吃的零食：麻仁。我绞尽脑汁也想不清楚，麻仁是怎么到它的坟里来的。

突然想起来，"胖仔"死时，肚子硬邦邦的，估计藏满了麻仁。"胖仔"埋入土中，麻仁发了芽，从土里钻了出来。

轻风拂过，麻仁的苗在风中微微点着头。原来，"胖仔"从来没有离开过我，它只是换了一种方式，陪伴在我身边。

# 沙子会唱歌

魏周斯原

沙子会唱歌，听了这句话，你有没有想听沙子唱歌的冲动？那就跟我去内蒙古的响沙湾看看吧！

国庆节假期的一天，我来到了响沙湾。太阳在头顶上放着光，满眼是金黄色的沙子，沙丘绵延起伏，好似一条金黄色的卧龙，远处还有几只骆驼在慢悠悠地走着。我向着正对面的一道月牙形的沙丘飞奔而去……"天啊！"刚一踏上沙子，我就大叫一声——沙子太烫了！姨姨立刻给我租了一双沙袜，我穿上它，再一次踩上沙地，小心翼翼地一点儿一点儿移动着脚，像踩在沙发上一样，软软的，很舒服。

要上沙丘了，我们跟着地图的指示，到了坐缆车处。我一看缆车，几乎快要晕倒了，那缆车就像公园用来休息的长椅被几根铁丝吊着，只能坐两个人，前面还一点儿防护措施都没有。缆车马上要出发了，我战战兢兢地坐上去，心跳早已加速，缆车离开站台立刻一个俯冲，我一下子把眼睛闭上了……

突然，我的耳边听到了轰隆隆的声音，"是打雷了吗？"我睁开眼睛好奇地问。姨姨摇了摇头，神秘地说："你一会儿就知道了。"

正在我六神无主的时候，缆车到站了。一下车，我就发现自己站在了沙漠的最高点，远处竟有一条水流缓缓的小河，我非常惊讶，沙漠里怎么会有河？一定是海市蜃楼。我又看到两三个人在水里玩，难道这些人也在海市蜃楼里？我正想着，姨姨对我说："你从沙坡上滑下去。"说完，她顺势一推，我立刻顺着沙坡连滚带滑地快速下降，耳边又传来轰隆隆的声音，像打雷，又像波涛阵阵。"你听到声音了吗？这是沙子在合唱。"不知何时，姨姨也滑了下来。

到了坡底，我一屁股坐在了地上，和骆驼打了个照面。我揉着屁股站了起来，刚准备抱怨，听说可以骑着骆驼进沙漠，立刻高兴地跳起来："刚才是远观，现在可是近玩。"很快，我坐上了一只白骆驼，迎着西斜的太阳走向远方，那个有水的地方。

骆驼一步一步地走着，每一次落脚，沙子就发出咯吱的声音，我心想：这是沙子的独唱吧，和着叮叮咚咚的驼铃声，真好听！

"沙子为什么会唱歌？"我好奇地问。姨姨摇摇头说："响沙之谜还在探索中，也许你长大了，能解开这个谜。"

这里的沙子会唱歌，欢迎你来这里听！

# 看你"另售"哪里逃

郑亦宁

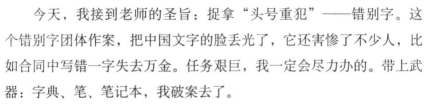

今天，我接到老师的圣旨：捉拿"头号重犯"——错别字。这个错别字团体作案，把中国文字的脸丢光了，它还害惨了不少人，比如合同中写错一字失去万金。任务艰巨，我一定会尽力办的。带上武器：字典、笔、笔记本，我破案去了。

走在错别字作案老巢——大街上。街道两旁琳琅满目的店铺令人眼花缭乱，那各种各样的招牌像一道道光向我射来。错别字，我看你往哪里逃！它还懒洋洋地躺在招牌上晒太阳呢！这个得意的家伙叫"另售"。我问手下字典"另售"是什么意义，字典答道："据小人所知，这另售的意思是另外的地方卖。"哦，我恍然大悟，这个老板怎么那么大方，把生意让给别人做呀？这时老板问我："小朋友，买东西吗？"我再一次纳闷："老板，你不是说别的地方才有得卖吗？""胡说！我这里明明写着'汽水另售'，散卖懂吗？"老板的脸立刻晴转阴，破口大骂："你这小屁孩儿，我还以为你来买东西的呢，没想到来找碴儿！别打扰我做生意，快走开！"我被这突如其来的大骂吓坏了，但又马上镇定下来，拿出字典说："老板！要知道，另售和零售是完全两个意思的。这另售的意思是另外的地方卖。零售才是散装卖！我这次来就是要捉拿错别字的。"老板的脸红了，连

115

忙向我赔不是："怪不得天气这么热也没人来买汽水，看来我也要好好学习汉字。"说完就拿起笔把"另"改成了"零"。我一本正经地说："老板，中国是举世闻名的文明古国，具有五千多年历史的礼仪之邦，特别是中国文字，它可是中华人民勤劳与智慧的结晶。如果像你那样，满街都是错别字，那我们中国人的脸往哪儿搁啊？"老板听了，脸又红了，说："好的，我一定改正。"哈哈，成功抓获一个，我再去擒拿其他"罪犯"。

经过努力，我成功消灭了十几个"罪犯"，并写成了《错别字调查报告》交给老师。我为消灭了错别字感到开心，但也为人们不重视文字的行为感到痛心。话不多说，就让我们来共同努力，灭绝错别字吧！

# 心中的美好家园

顾　颖

家园，一个多么温馨的词呀！此时此刻，我不禁浮想联翩……

路边绿树婆娑，掩映着一座座小阁楼，阳光在树阴下跳跃，孩子们在路边嬉闹，人们日出而作，日落而息，一派祥和、自然的风韵。

阁楼周围长满了各种各样的鲜花，每朵花都拥有属于自己的香气。不同季节开放的花儿，在花的王国里，绽放着自己独特的美。花园的中央，荡漾着一池荷塘，塘中的水仙与荷花，摇曳生姿，微风吹起，宛如花仙子在翩翩起舞。池中的鱼儿在水里嬉戏，尾巴摆来摆去，身子一摇一摆，嘴里还欢快地吐着泡泡。荷塘旁，那一丛丛、一竿竿挺拔清秀的翠竹，经冬历夏，长年碧绿，为美好的家园增添了生机……放眼望去，被雨水冲刷干净的天空中，飘着几朵悠闲的白云，一片蔚蓝、清新。这蔚蓝的天空似乎也沉醉在这美好、和谐的世界中……

美好的家园怎能少了活泼、可爱的小动物呢？你瞧，一只只花蝴蝶正在花丛中修筑她们自己的幸福家园；蹦蹦跳跳的小白兔悠闲地吃着田地里的青菜和胡萝卜；慈态可掬的大熊猫正贪婪地咀嚼着鲜嫩的竹叶，时不时还窥视着周围的人；石缝里的蝈蝈，也凑热闹地唱起了清脆的小曲儿……

天边的红霞，向晚的微风，归巢的鸟儿与悠闲的人们一起汇成了一幅自然、和谐、美丽的风景画。

我心中的家园是如此的美好！多么希望，我们全人类都能生活在如此美妙的家园里！我坚信，未来的家园通过我们勤劳的双手，会比我想象得更美好，更充满魅力！

# 喜欢 "越狱" 的飞行者

陈梓莹

你们知道它是谁吗？一个黑色的、毛茸茸的头，头上有一双透亮的小眼睛。它有一对透明的翅膀，如同一条小裙子，有六只小小的、细细的脚。它披着黄黑相间的外衣，外衣后面有一根小小的针。对啦！它就是可爱的小蜜蜂。

这只小蜜蜂有两个响当当的称呼，不信，接着往下看：

## "永不放弃者"

我把小蜜蜂放在桌子上，用杯子盖住，刚开始，小蜜蜂躺在那里，身子一下子缩起来，一下子伸直，好像在做仰卧起坐呢！

过了一会儿，小蜜蜂转了个身，径直爬到杯壁旁，一步一步地往上爬，好像在策划越狱行动。小蜜蜂贴着杯壁一步一步地往上挪，可爬到一半，它就"砰"的一声掉了下来，我估计蜜蜂此时可能已经摔了个鼻青脸肿了。我幸灾乐祸地说："嘿嘿，逃跑可不是那么简单呢！"我原以为它会半途而废，放弃越狱行动，可它好像硬要跟我作对。它重振旗鼓，又爬一次，再爬一次，好像不达目的决不放弃。

我打心眼里觉得蜜蜂是个名副其实的"永不放弃者"！

## "小小飞行者"

要是能把飞行比赛的荣誉给动物的话，这只小蜜蜂理当荣获飞行奖章。我把杯子拿开，小蜜蜂按捺不住内心的快乐，"嗡"的一声飞了出去。它两只透明的翅膀，拼命地扇动着，在房子里面飞来飞去。我往桌旁走，它就往墙边飞；我往墙边走，它就往门边飞……我费了好大的劲儿，才把它抓住，放在杯子里。这时，我已经大汗淋漓，筋疲力尽了。好执着的小蜜蜂啊！

# 蛋烘糕，慢慢来

孙雨竹

家乡的美食真是多种多样，今天，蛋烘糕是本文的主角儿。乐山的蛋烘糕有大有小，有薄有厚，样子五花八门，味道也有许多种，令人百吃不厌，回味无穷。那到底该怎么做呢？

## 搅

把鸡蛋和面粉搅在一起，搅成黄色的液体，这便是做蛋烘糕用的基本材料。不能搅得太清了，那样口感不是很好。要搅稠一点，而且要慢慢地轻轻地搅，如果搅重了蛋清就会飞到你的脸上，给你做"美容"。当然搅快了也不好，容易搅成一碗"水"，烘的时候就会很薄，非常容易戳破。所以，一定要慢慢地搅，一点点地加水。仔细闻一闻还有一股鸡蛋的清香味。

## 烘

开始烘蛋糕了。这也急不得，也要慢慢地来。先要把锅用油"洗"一下，不然做好的蛋烘糕就会死死地巴在锅上，不肯下来。然

心中的美好家园

后慢慢地用勺子将搅好的材料舀在锅里。再把火开成小火，一定不能开成大火，那样会把蛋烘糕烘焦，吃起来干巴巴的。开成小火后，把锅放在上面，再用锅盖盖住。过两三分钟后，把喜欢吃的菜撒在蛋烘糕上，再盖上盖子，过两分钟左右就香味四溢，可以吃了。

## 吃

烘好的蛋烘糕飞不了，吃也不能急，要不你的嘴巴必定遭殃，特别是奶油的，不小心吃一下子就能让你变成花脸猫。刚做好的蛋烘糕香喷喷的，上看下看，左闻右闻，都十分惹人爱，让人舍不得吃。轻轻地咬一口，果酱味儿的，吃进嘴里果汁散发，像吃了新鲜的果肉一样，香甜的美味在嘴里回荡；巧克力加肉松的，口感非同一般，丝滑浓香，巧克力的香醇和肉松的香味如艺术品般完美融合，浓浓香甜，让你在繁忙中享受片刻活力和悠闲。

虽说蛋烘糕个个让你大饱口福，回味无穷，但也不要太过于贪吃，不然会有想吃的后遗症，哈哈哈……

120

# "人蝇大战"

陶乐怡

地点：我的卧室

时间：6：00—6：20

人物：我，苍蝇

道具：苍蝇拍

"嗡嗡嗡……嗡嗡嗡……"一阵刺耳的声音进入我的耳朵，我漫不经心地转了个身，声音立马消失了。过了片刻，苍蝇又来了。我变得不耐烦起来，于是坐起身，一场人蝇大战就此拉开帷幕。

我拿起苍蝇拍，学着孙悟空的语气说道："嗬！大胆妖怪，竟然跑到我家里来了，吃俺老孙一棒！"说着便挥起苍蝇拍向它拍去。可是不想动作太大，狡猾的苍蝇已经跑得无影无踪。哼！你等着，我就不信找不到你！我气愤地想。我学着木头人的样子一动不动，来了个"引蛇出洞"。果然，"嗡嗡嗡"的声音又在我耳边响起。"哈哈——"看见办法奏效了，我不禁扬扬得意起来。说时迟那时快，我又挥起了手中的"利器"。可不幸的是苍蝇再次逃脱。我垂头丧气，只能另谋他法。

地点：我的卧室

时间：14：00—14：30

人物：我，苍蝇

道具：枕头

下午两点左右，我拎着枕头大摇大摆地踏进房间准备开始新一轮的人蝇大战。我环顾四周，呵！目标正在我的玩具上悠闲地午睡呢！我的眼睛一眨也不敢眨地盯着苍蝇，生怕它溜走。"一、二、三——"我在心里默数三个数，拿起枕头奋力向它扔去。顿时，房间安静下来，哈哈！苍蝇一定是死了。我不禁拍手称快。就在我准备向妈妈炫耀我的杰作时，那讨厌的"嗡嗡"声又开始在我耳边徘徊，仿佛是故意挑衅一般在我脑袋周围转来转去。我气极了，"张牙舞爪"起来，可是奈何苍蝇实在狡猾，我只能目送这只恼人的苍蝇耀武扬威般地"姗姗而去"。我心里当然不甘，但又转念一想，"好人不与蝇斗"，便又安下心来睡午觉去了。

# 照片里的海盗雕像

朱佳文

相机发出"咔嚓"一声，只是一瞬间的事情，但那美好的回忆，却被永远地记录了下来。看到这张照片，我又想起了那个风风火火的夏天。

那个暑假里，妈妈带我去游乐场、狂欢园玩了个痛快，每天都过得很精彩，不过，让我印象最深的是在苏州乐园。

苏州乐园不仅有各种好玩的游乐设施，景色也十分优美，还有许多惟妙惟肖的雕像。这张照片中的海盗雕像就是所有雕像中最酷的一个。

初看照片，你只会看到那高大的海盗雕像。别急，请看它的脚下，你就会发现眼睛小小、个子小小的我。不知为什么，在那么多的雕像中，我一眼就看中了这尊雕像，并吵着要拍照留念。他是一个长满大胡子的独眼海盗，穿了一件黑衣服和一条黑裤子，系了一条棕色的皮带，上面还拴了一条白色毛巾，脚上蹬着一双棕色的翘头皮鞋。一手握长刀、一手持左轮手枪的他，简直酷毙了！

我一开始拍照时的姿势是坐在海盗的皮鞋上，可是，我发现老妈和其他人都夸张地指着我的头顶上方哈哈大笑。这有什么好笑的？真是莫名其妙！我实在被他们盯得心里发毛，于是狐疑地朝头顶上方瞅了一眼。谁知，我刚抬头，那"手枪"就抵在了我的鼻子上。他们笑得更厉害了，只差一点儿就捧着肚子在地上打滚了。我的背上冒出冷汗，连忙跳开了，心想：哎哟，我的妈呀，吓死我了，差一点儿就被"枪毙"了。

我重新挑了一个位置准备拍照，却怎么也笑不出来了。弟弟在那儿演起了独角戏，一会儿假扮格格，一会儿假扮奴婢：

"哎哟，我的头发乱了，快给我弄一下！"

"主子再等一下，等我穿好了鞋再说！"

"你这小奴才，怎么这么没礼貌！"

……

没等他演完，我就笑了起来。老妈趁机按下快门，将这一刻永远地定格。

现在每次翻开相册，那天的情景还历历在目。

123

# 我家的"绿色凉棚"

陆子豪

早春，爷爷要在我们家的花坛上搭一个"绿色凉棚"，一来我们可以吃到新鲜的蔬菜，二来可以在夏季遮阳，三来爷爷还能体验到自己动手的乐趣。

四月初，爷爷在花坛里种下了四棵葫芦苗、四棵丝瓜苗、十棵黄瓜苗，这些小菜苗在黑土地上摇头晃脑，像是跳起了伦巴舞！爷爷乐得呵呵笑，勤快地给小苗们施肥、除草。每天下班回家，爷爷都要到花坛那里去看看，摸摸这棵，拂拂那棵，小苗们在爷爷的呵护下茁壮成长。转眼间到了5月，植物们的藤越来越长，爷爷就开始动手搭棚了。

爷爷在竹园里砍了二十根竹子，一根一根用尼龙绳绑好，再用钉子把它们固定在花坛两边的墙上。一天又一天，爷爷终于把凉棚搭好了。没过几天，植物们开始爬藤了。这些藤缠绕在竹子上，不断长须，不断缠绕，渐渐地，藤越爬越高，竟然爬到了棚顶。叶子也越长越茂盛，长满了整个凉棚，这时的凉棚就成了一个真正的绿色凉棚啦！

6月份，植物们开花结果了，这是爷爷最开心的时候。果实一个个长大了，都露出了笑脸。我在棚底下数了一下，大大小小的葫芦有三十五个，我掂了掂其中一个最大的，好重啊，可能要有六七斤重吧！丝瓜、黄瓜也陆陆续续成熟了，成了我们的桌上美味。爷爷高兴地说："瞧，子豪，这才是真正的绿色食品，你要多吃点儿！"

8月底，葫芦成熟了，奶奶迫不及待地剖开葫芦，挖出葫芦籽，把葫芦籽洗干净放在太阳底下晒一天，然后放在微波炉里烤着吃。

十年前，我们从乡下搬到了镇上，爷爷也就不再种田了，可他还是很怀念种田的时光，这个绿色凉棚让他又一次享受到了种植的乐趣！

# 酷小鬼独自在家

　　我关好门，换好鞋，拎着书包来到了我的房间，放下书包。然后找了一本小说，轻松地爬到床上，津津有味地看了起来，可刚看没几页，就听见窗外有"噼噼啪啪"的细小声音，我吓得倒吸了一口凉气，爬起来向窗外看了看，什么也没有。

# 我和书的故事

周韵宜

书是我一生中最好的朋友。它像一把钥匙，打开了通往我心灵的那扇大门，解开许多我心中的疑团，它帮了我许许多多忙，也让我闯了许许多多祸。一拿到自己爱看的书，我就会包好书皮，绝不会让它折角，也会小心不刮蹭到它。我和书之间，也发生了很多值得一讲的故事。

有一次，我在家里捧着一本《西游记》，正津津有味地读着。突然，厨房里传来妈妈的喊声："女儿，妈妈要煮饭，去帮妈妈买盐和酱油，快点儿别看书了！"为了不让妈妈生气，我只好不情愿地拿着钱去超市。一路上，我一边走，一边想着故事中的情节，想着接下来会有什么故事……想着想着，就不由自主地笑起来。到了超市，我先称了一些散装的盐，又到货架上拿了一瓶酱油，便马上付了钱，急匆匆地跑回了家。把东西放在桌子上，我便迫不及待地跑回去看书。刚看到又一精彩处，厨房中突然传来妈妈的怒吼："喂！女儿，买盐和酱油很难吗？你为什么买糖和醋？是不是看书太入迷，被迷了心窍？这点儿事都做不好，没见你学习那么努力啊！这本书没收！"我只好又一次下去买。后来从弟弟口中得知，书被妈妈藏在了柜子上，于是，我搬了张大凳子，站在上面，伸长胳膊，用手在柜子上摸索，摸索了一会儿，摸到一个角，便跳着去拿那本书，差点儿摔下来。

　　还有一次，我搭公交车去学校。当看到距离学校有十几站时，我心中暗暗发愁：十几站？那不是得把我闷死！后来发现书包里有一本作文选，我又高兴起来，急忙拿出书，像一匹饿狼一样，贪婪地读起来。心里感慨着：这些人写得真好，我要向他们学习，争取也写出一篇好作文。以后，我要坚持一天写一篇日记。

　　过了不知多久，我听到广播声响起：广州火车站到了……我急忙冲下车，妈呀！我这是坐过了多少站啊！怎么办？要迟到了，坐回去已经来不及了……我急得直掉眼泪。等我费了一番周折坐车回到学校时，已经迟到很久了。结果可想而知，我被老师罚站在后门，我低着头红着脸，尴尬极了。

　　我和书之间的故事还有很多，好多故事并不愉快，有时书还害得我很尴尬，但我还是要说，书是我最好的朋友！

127

# 我在悄悄地变

杨金宇

　　儿时的我，喜欢将一个个梦想涂抹在一个厚厚的笔记本上。那本笔记本上，画满了大大小小的帆船，那一艘艘帆船，承载着我幼稚、天马行空的梦，在我记忆的长河里缓缓前行。

　　不知过了多久，现实代替了梦幻，那一个个美梦，也如同散在风中的纸片，悄然逝去了，日子一天天过去，悄无声息，一切，都在悄悄地变，包括我。

不知不觉间，我已从那个生疏地背诵乘法口诀的小孩变成了在各种算法间自如切换的高年级学生，我知道，我再也不会犯"4+4=9"这样的错误了。

窗外的雨淅淅沥沥地下个不停，我的心思也被拉到了过去。小时候，我总是喜欢在下雨天喊上几句当时流行的童谣，满心欢喜地在院子里转来转去，对雨中的一切都感到好奇，都想仔细地观察。上学时，我总是忘记拿雨伞。于是，我总在放学铃打响时，和伙伴们一起冲进雨中，疯了似的跑回家去。而现在，窗外的雨让我内心荡起一片涟漪，可我再也不会去淋雨了。时间回不去了，我在悄悄地变。

时间一定是个有破坏力的东西吧，它让我们在不经意间悄悄长大，也让父母的脸上悄悄爬满可恶的皱纹。我多希望我还是个孩子啊，可以像以前一样躺在爸爸妈妈温暖的怀抱里，听他们讲《龟兔赛跑》的故事；给下班后的爸爸妈妈打水让他们洗手，然后一脸幸福地听他们夸赞我孝顺、懂事。

可是时间不允许这样的事情再继续下去，我已经长大了。在这个年纪，我变得叛逆，常常和父母争吵，明明知道自己错了，傲气的我却不肯低头；明明在节日时给父母准备了礼物，羞涩的我却不好意思拿出来；明明很爱爸爸妈妈，可"我爱你们"这句话却被埋在心底怎么也说不出口……

我不知道未来会怎么样，我会变成什么样，但我一直在用我最大的努力过我想要的人生。

128

# 我们的"世界杯"

顾一希

暑假里,看完了举世瞩目的世界杯足球赛,我的心里空荡荡的。唉,我们什么时候也能演绎一场精彩的世界杯啊?说干就干,我通过电话召集了各路"强将",准备就在这个下午拉开我们自己的"世界杯"足球赛的帷幕。

比赛即将开始,"旋风"队和"天鸟"队的队员们各执一方,在神气十足的主裁判的指挥下,准备一比高低。

"嘟——"主裁判一声哨响,比赛正式开始了。由对方开球,只见他们快速向我们杀来,真是迅雷不及掩耳。作为"旋风队"的一员大将,我绷紧了神经,和队友们全力防守。可是,"天鸟"队员貌似一只只展翅翱翔的大飞鸟,眨眼间就闪过我方五名队员。"危险!"我一个急步,上前实施"战车铲球",球落入我的控制中。对方球员哪里肯就此罢手,全力反攻,三番两下就把我脚下的球抢了过去。接着,他们一路前行,向我方球门进军。

我方守门员见球门临危,急忙抢出来扑球。这时,我方队员已经启动"一字战术"将球逼"死"。就算有神仙帮助,他们也冲不进我们的"铜墙铁壁"了。接着,反攻、防守、再反攻、再防守。比赛在激烈的争夺中一步步推进。最后,只剩5分钟了,胜败就在这关键的五分钟。我和队友一起冲向对方半场，他们全力防守，想保持目前战绩。

时间一分一秒地过去，我咬紧牙关，一脚中场远射，对方守门员奋勇冲出。眼看球飞奔而去，快要落入守门员囊中时，我方一名队员飞身上前，一个"倒钩射门"——"球进啦！"经过九十分钟的激战，我们终于赢得了胜利！

你看，我们自己的"世界杯"，是不是也有别样的精彩啊！

# 我家的"刘姥姥"

刘奕琪

《红楼梦》里有个故事，讲的是刘姥姥进大观园。刘姥姥诙谐有趣，总是逗得众人哄堂大笑，而我家也有一个这样的"刘姥姥"，她就是我的奶奶。

奶奶总是一副标准的中国传统劳动妇女的打扮。这都什么时代了，如今她还穿着大襟布衫儿，也不知那是放了多久的老古董了，脚上穿着的是自己做的黑布鞋。

每次放学回家，我都会放音乐听，可奶奶总说那是"烘鼓"，嫌我太闹腾，要我快关掉。晚上我看电视，她说我是"不务正业"，催我快去复习。

奶奶一辈子勤劳惯了，虽然如今已是花甲之年，但是每日她都是手不闲脚不停的，家务活干得又快又好。但是，由于奶奶平时不看书，不读报，不看电视，听广播也只听唱戏，所以她对现代科学、新鲜事物懂得很少，说出话来常闹笑话，逗得我们全家开怀大笑。

一次，奶奶听说有人得了脑栓塞，她就好奇地问："现在竟然还有这样的怪病——'脑钻虱'，虱子怎么能钻到人的脑子里去呢？"全家人听了，都忍不住大笑起来，奶奶真像《红楼梦》里的刘姥姥！

有一次，奶奶叠我姑姑的衣服时，发现我姑姑新买的灰色裤子裤脚外侧的裤缝处绽开了一个小口，就小声嘀咕着："新裤子怎么就开缝了呢？"奶奶穿针引线，正要把缝儿缝上，刚好被我爸碰见，我爸哈哈大笑，说："妈，裤脚那两边绽开的缝儿是今年女士裤子的时髦款式，不用缝！"

还有一次，姑姑用一块巴掌大的长方形薄片儿擦脸，奶奶赶紧拿出一条新毛巾递给姑姑，说："别用塑料擦脸，用这条新毛巾。"姑姑笑着说："妈，这是现代保健洗脸巾，用它擦脸既干净又美容！"奶奶听了，感慨道："现在真是啥稀罕玩意儿都有呀！"

闹过许多笑话后，奶奶也开始听收音机看新闻了，遇到不懂的还来问我。我正纳闷呢，奶奶说："咱小区有几个外国人，我有时会和他们打交道，出家丑不要紧，出国丑事儿可就大了。"

131

# 温情满满的圣诞节

卓　雅

大雪悄悄来临，大地在纷飞的雪花中，一会儿工夫就披上了洁白的婚纱，要和冬天先生结婚了。雪花漫天飞舞，小草也迫不及待地穿上了厚厚的小棉袄。在这银装素裹的世界里，我最期待的圣诞节来了。

"叮叮当，叮叮当，铃儿响叮当，今晚滑雪多快乐，我们坐在雪橇上……"我们跟着欢快的歌曲一起吟唱。平安夜里，我许下小小的愿望，悄悄地塞进红袜子，躺在床上，心情久久不能平静，激动地幻想着圣诞老人送来的会是什么样的礼物：洋娃娃？书？玩具？还是祝福？

清晨一缕淡淡的阳光透过小窗照射到我的小屋。我睁开双眼，立刻想到的是：我的礼物，我来了！我轻手轻脚地爬起来，拿出袜筒，深吸一口气，轻轻地打开礼物：一幅画和一张贺卡。画中有圣诞老人、爸爸、妈妈和我，每个人都拿着一张贺卡，幸福地笑着。我打开贺卡，上面写道：亲爱的小朋友，由于你的袜子太小，只好连夜赶出了一幅画，画技不赖吧？希望你能喜欢！不能失望哦！我不禁失声笑起来，没想到，我的圣诞老人这么幽默。

"丫头，看看谁来了。"妈妈亲切地叫道。

"啊！吴亿钱、杨陈羽译，你们怎么这么早就来了？"我有点儿不可思议。

"想知道圣诞老人给你送来什么样的礼物嘛！"吴亿钱抢先说道。

"你猜呗！猜对了就给你看！"我高兴地卖关子道。她们罗列了一大筐，全不中。我慢慢地把礼物从背后拿出来，高高地举起。我们互相分享着自己收到的礼物。哈，收到礼物的感觉真棒！

我提议去打雪仗，因为外面可是雪的世界呀。叮叮当，叮叮当，我们就像三头欢快的小驯鹿，奔跑在雪地里。杨陈羽译看着我坏笑了几声，趁我不防备，向我投出了第一颗雪球，"啾"的一下，砸在我脸上，完了，我也成雪人了。我"哇"的一声大叫，不甘示弱，发起反攻……

晚上，妈妈真的为我们三个烹制了美味的烤鹅，我们三个女孩子似饿虎扑食般吃得不亦乐乎，一旁的妈妈不停地笑："真不像个女孩子！"屋子里，浓浓的香味和畅快的欢笑声久久飘荡。温情满满的圣诞节，是冬天先生送给我们的最好的礼物。

# 左手当家记

周天颐

唉，右手罢工了！写字、穿衣、扫地……这些事儿该怎么办？今天，左手要当家了，这给我的生活可带来了许多麻烦。

## "蚯蚓字"

早晨，默写《二泉映月》的第五自然段，必须用左手。我小心翼翼地用左手握住了笔，"埋头苦干"了起来。笔在左手间忽靠忽离，写一个笔画都需要很长的时间，"横竖撇捺折"宛如一条条蚯蚓懒洋洋地趴在纸上。我心急如焚，一个个大大小小的天文字东倒西歪地躺在作业纸上。我有些不耐烦了，可又束手无策，只好使出九牛二虎之力，保持左手握笔的平衡，好不容易将这一段落默写完成，这才长长地舒了一口气。下课后，瞧瞧别人的"杰作"，才知道同学们也是同样的感受，一幅幅"蚯蚓图"成了同学们争相传阅的对象和最热点话题，大家你看看我，我看看你，不由得捧腹大笑。

## "匆匆餐"

好不容易艰难地熬过了一个上午。可是，中午吃饭的时候，老师又出了一个更大的难题——用左手拿筷子吃饭。"这筷子我都拿了十几年了，用左手拿也应该是易如反掌吧！"耳边传来几个同学的对话。我也不屑一顾，用左手紧紧地拿起筷子，夹了一块胡萝卜，刚想往嘴巴里送，没想到刚到嘴边的"肥肉"却吃了一个空——胡萝卜块可怜地掉在地上。连续试了几次，一双筷子总不听使唤，而胡萝卜块今天也似乎特别顽皮。我的肚子可早已饿得咕咕叫了。唉，不能一直这样试下去，还是先吃点儿饭填填肚子吧！我用左手使劲儿扒了点儿饭，肚子终于好受多了。继续"奋战"，我用左手紧紧地握住筷子，把一只筷子插进一块肉里，用另一只筷子顺势夹住，一块肉终于到嘴了，可此时此刻的我，已经是满头大汗、狼狈不堪了。

## "扫地难"

这真是哪壶不开提哪壶啊！今天中午，碰巧轮到我来打扫卫生，没办法，只好硬着头皮上。扫地时，调皮的纸屑总是逃脱我的扫帚，右手只需扫一遍就能完成的任务，左手要扫上好几回，才能把垃圾聚拢。我小心翼翼地将垃圾扫进簸箕里，纸屑灰尘在簸箕旁打转，就是不愿老老实实地守规矩。拖地就更别提了，左手好像没有力气似的，地上的黑斑一个也拖不掉。无可奈何之中，我只好悄悄借助"外力"——右手的帮忙，才勉勉强强地完成了劳动。打扫完后，我真是筋疲力尽，感觉左手都酸麻了。

右手呀，右手，看来你是我的大功臣，我时时刻刻都离不开你了；左手呀，左手，看来你也要奋起直追，早日当家了！

# 吹 泡 泡

杭昕月

星期日下午，阳光明媚，我在家启动了"泡泡工程"。我找来了杯子、洗手液、白糖和胶水，泡泡水的制作开工啦！我往杯子里放入一些水和洗手液，加一把白糖，滴几滴胶水，泡泡水就制作成功了！

我拿着泡泡水和吸管来到阳台，开始吹泡泡了。我先用吸管蘸了一下泡泡水，心想一定要吹个大大的泡泡，就又多蘸了一下，便鼓起腮帮子，使劲儿吹了起来。可是，泡泡偏偏和我作对，还没等我吹出来，就"啪"的一声破了，泡泡水溅了我一脸，我哭笑不得。第二次，我吸取上次的教训，蘸了一下，抿起小嘴轻轻吹。哈，我吹出了一连串的泡泡！这些泡泡大小不一，形态各异、姿态万千。大的似节日里放飞的气球，小的如晶莹剔透的珍珠。有的泡泡圆溜溜的，像一颗颗紫莹莹的葡萄，令人垂涎三尺；有的泡泡挤在一起，像是亲密无间的好朋友在说着悄悄话；有的泡泡晃悠悠的，腆着将军肚，好像在指挥作战；有的泡泡飘飘荡荡地飞上蓝天，一会儿就没影了，好像去太空旅游了……这些泡泡在阳光的照耀下，一会儿是柠檬黄，一会儿就变成了翡翠绿，刚刚还是葡萄紫，转眼就变成了天空蓝，色彩斑斓，美丽极了！

看着泡泡们在自由自在地飞翔，我真羡慕啊！恍惚间，我仿佛也变成了一个泡泡，和同伴们在蓝天白云间自由穿梭，累了，就趴在白云上休息，饿了，就吃点儿彩虹甜点……"啪"的一声，一个破碎的泡泡把我惊醒了。哦，原来我不是泡泡啊！

# 伸手接雨的我

黄意涵

每个人都有自己的照片，那些照片记录下了我们生命中的点点滴滴。

我有一张照片，照片上的我一只手撑着一把伞，一只手伸出来接天上的雨。这张照片是我九岁时照的，爸爸妈妈带着我一起去拍全家福。说实话，这张照片拍得好辛苦。当时摄像师选的背景是古代风格的青青的墙壁和明亮的圆窗。化过妆后，该挑选衣服了，摄像师为了配合背景，决定让我穿一件旗袍。

他挑出一大堆旗袍让我去试。这些旗袍都很漂亮，我迫不及待地去试穿，可问题出现了——我太胖。当我拿起一件旗袍穿上时，发现太短了，不行。再试一件更糟，我穿了一半就穿不上了，最后还费了好大劲儿才把这件旗袍脱下来。

看着一件件漂亮的旗袍被淘汰，我心疼啊，也只能硬着头皮继续去试了。我挑起一件浅粉色的上面绣着朵朵牡丹的旗袍，穿了一半，发现这件旗袍很宽松，不由得心中大喜。哪知，穿到腰部以后才发觉紧得不得了，但只能将就一下了，这已经是最合适的一件了。

好不容易跟衣服纠缠完毕，问题又出现了。照理来说，化完妆，穿好衣服，就该拍了。衣服确实和背景很配，不过要摆好造型才能真正体现出美。

摆什么动作呢？我摆了个剪刀手，摄像师气得鼻子都歪了。再换一个，我把手摆成花朵状，用标准微笑对着镜头，可是破坏了背景的那份美感。咋办？摄像师急中生智，想到借助工具，便给了我一把扇子，但还是有点儿做作。

摄像师又琢磨了半天，递给我一把古色古香的油纸伞。我一手撑着伞，一手伸出伞外接雨，当然这只是摆个pose而已。可我力气太小，好不容易把伞撑起来，眼看又要掉下去，摄像师赶紧按动快门。"啪"，拍下来一看，太棒了，整张照片看起来柔和而又优美。

这张照片是我最满意的一张，它将永远留在我的记忆里。

# 疯狂星期二

陈语诺

星期二晚上7点58分，是猪在池塘里洗澡的日子，所有猪来到了池塘，用荷叶擦着全身。突然，一头猪居然飞了起来，第二头、第三头……最后，所有的猪都飞了起来。它们有的吊在荷叶上，有的坐在荷叶上，有的卧在荷叶上，把小小的眼睛瞪得圆圆的，张大嘴，都被这个画面惊呆了。

现在，所有猪都成了"飞天神猪"，多神气啊！地面上的小动物都羡慕地看着它们，梦想着有一天自己也可以飞起来。一阵风吹来，一张张餐巾纸朝它们飘来，没有飞行经验的猪被餐巾纸包住了，成了"白衣魔怪"！后来，有一头猪灵光一闪，想出了一个好办法，它说："我们把这些餐巾纸当成降落伞或衣服吧。""飞天神猪"们按它的话做，果然轻松多了。

一位老爷爷在浇花，看到了一大群猪飞在天上，嘴巴成了一个大大的"〇"，他不可思议地大叫："天哪！天哪！猪怎么会飞，不可能呀！"

这时，一只狼狗看到了会飞的猪，明白是荷叶的缘故，便去追猪。如果猪从荷叶上跳下来，自己就能将神奇的荷叶占为己有了。可猪改变了方向，飞进了一个小男孩儿的家里，看起了电视。它们看了一会儿，又飞走了，在天空中飘荡、游玩、飞翔，快乐极了。

可这时，时钟的指针指向了十二点，已经到星期三了，荷叶失灵了，"飞天神猪"们从天上掉了下来，一个个惊慌失措，又回到了原来的地方。

138

# 好吃！好吃！真是好吃！

葛家吴

肥而不腻的牛肉馅儿，外脆里酥的白吉馍，足以使我回味无穷，飘飘欲仙，这，就是闻名世界的"中式汉堡"——肉夹馍。

久闻肉夹馍是人间绝味，今天，我终于可以一吃为快了。肉夹馍，物如其名，是一块又大又圆的白吉馍拥抱着珍珠般大小、肥瘦相间的牛肉粒。这可爱的圆饼像咧开了嘴巴似的，露出一星棕红的牛肉，一片片绿油油的葱花、红艳艳的辣椒撒落在上面，再加上黑色的芝麻，显得十分新鲜诱人。轻轻一嗅，一股挡不住的浓郁肉香和着独一无二的腊汁气息，迅速占领了我的鼻子，让我忍不住垂涎三尺，白里透黄的肉夹馍也显得光彩焕发。

光看不行，我的肚子已唱起了空城计。按规矩，我先在两面轻轻咬下一小口，馍的外皮首先裂成了许多小块，弹到嘴唇边、舌尖上，真是酥脆无比，只一刻，就半融到了嘴里，化作千丝万缕薄如蝉翼的轻纱，触动着我的味蕾。再来一点儿，一种无所能敌的自然鲜香顺着我的喉咙慢慢地沁入我的心里，让我心旷神怡，这正是馍中的肉伴随着蒜泥的清香带来的微辣香味呢！我大吃特吃起来，顿时，馍的香脆，肉的鲜嫩，酱的浓郁，皮的嚼劲，在口中久久不散，我不禁大喊一声："好吃！"不一会儿，肉夹馍便被我一扫而空。

回味着肉夹馍的浓郁醇香，招牌上的介绍引起了我的注意：原来这香飘四溢的肉夹馍也可算是一个活古董啦！早在战国时期，勤劳聪慧的先人们就发明了腊汁肉配白吉馍的黄金搭档。最初，它只是一种方便食品，后来，此美食一路传入长安城，据说，汉代的皇帝、官员也品尝过它，唐太宗李世民对其更是大加赞赏。我不由沾沾自喜起来，今天，我可是有幸尝得御厨级别的人间美味啦！

肉夹馍，它让无数古今中外人士赞不绝口，它承载了中华民族代代相传的手艺和智慧，它不单是一道菜，更是一种文化，一种历史。

肉夹馍，我的最爱，期待我们下一次的相约！

# 吓人的"白娘子"

方　敏

最近，我突然喜欢上了《白蛇传》这部电视剧，"书呆子许仙在细雨霏霏中遇见美丽动人的白娘子"的片段，更是百看不厌。白娘子的美貌看得许仙两眼发直，惊得他合不拢嘴。爱美之心，人皆有之，我不禁幻想自己也有如此美貌该多好啊。

这时，有一个东西闯进了我的视线，那就是妈妈的化妆盒，我脑海里瞬间产生了一个想法——给自己化化妆，和妈妈比一比看谁更美！

于是我马上行动！哇，盒子里一块块花花绿绿的色块，该怎么抹？没办法，照猫画虎吧！先想一想电视剧里的白娘子脸上有什么颜色，我就化成什么颜色。我记得白娘子脸上有红红的色块，就用棉花团蘸着鲜红的胭脂，往脸蛋上一抹，顿时，镜子里出现了一只"小花猫"，我左看看，右看看，总是不大顺眼，我又用口红在嘴巴上描了一圈，哈哈！好看极了。我想到了白娘子的柳叶眉，于是，我翻箱倒柜找到了妈妈的眉笔，颤颤巍巍地在眉毛上画上一笔。我又找出妈妈的首饰戴上，整整衣服，在镜子前一站，大声说："一个标标准准的大美女诞生了，哈哈！"

就在我想好好欣赏自己时，耳边响起了熟悉的脚步声。我顾不得欣赏，赶紧毛手毛脚地收拾好东西，灵机一动，在门口摆好一个造型。妈妈一进门，我就送上了一个飞吻。哇，妈妈顿时惊呆了。我忍不住笑了起来。妈妈好半天才回过神来说："我的老天爷啊！我回错家了吗？"

我看着妈妈惊愕的表情，移步卫生间，才发现自己成了一个"怪物"：血红的嘴唇够吓人，脸上中间的两团特别红，歪歪扭扭的眉毛犹如毛毛虫……原来画虎不成反类犬了！

妈妈耐心地告诉我，化妆是要一步一步慢慢来的……我似懂非懂地听着，妈妈花了好长时间才帮我恢复了清纯女孩儿的模样！

# 沙漠中的"朋友"

蒋思琪

141

"内蒙古"，听到这三个字后，大家都会想到大草原，的确，美丽的大草原让人流连忘返，但真正吸引我的地方是草原的另一端——沙漠。

进入沙漠景区后，我们就被一辆越野车带走了，连绵起伏的沙丘呈现在我眼前，车子一路狂奔，在离一群骆驼不远处停了下来。"哇，骑骆驼了！"我不禁欢呼起来。兴奋和好奇心驱使着我慢慢靠近骆驼，它们都卧在沙里排成一队，中间用一条绳子串联着。我仔细观察着眼前的庞然大物——骆驼，它虽然身体比较庞大，但头和马的头差不多大，小小的头上一双圆溜溜的大眼睛完全嵌在长长的睫毛中。睫毛真的很长，而且有两层，因此它不用怕风沙进入眼睛。它背上的两个驼峰犹如两座小山，这"两座小山"可是有大用处呢，它们可以储存大量的水分。

正当我看得入神时，领骆驼的工作人员朝我喊了一声："小姑娘，还不坐上去，就等你了。"我缓过神来，一看大家都已经骑上骆驼了，我便也跨了上去。骆驼很听话，当工作人员用手拍它的颈部时，它就要站起来了，它起立的过程很费劲，害得我在上面东倒西歪的，真怕从驼背上摔下来，只好两只手使劲抓紧驼鞍上的铁环。骆驼站起来了，此时我感觉自己升到了半空中。队伍开始前进了，我稳稳地坐在驼背上，看着它们缓慢地向前走，好像步子很沉重一样。我想这么热的天，骆驼还背着人，是不是走不动了啊？呵呵，我的担心完全是多虑了，骆驼被誉为"沙漠之舟"可不是浪得虚名。它的耐饥耐渴力非常惊人，能不吃不喝一个多礼拜，而且性情温顺，不怕风沙，善于在沙漠中行走。

这次骑骆驼的经历深深地印在我的脑海中，也使我真正认识了沙漠中温顺善良的"朋友"。

# 胆小鬼除"妖"

张蓝天

我是一个出了名的胆小鬼，连草丛都不敢进，生怕里面有毒蛇，谁知，那一次我竟然除了一回"妖"。

那是一天晚上，我们全家人吃完饭，坐在客厅里，爸爸看电视，妈妈备课，我做作业。就在这时，我们忽然听到后面的厨房里不时发出"啪啪"的声音，爸爸和我竖起耳朵，爸爸装出害怕的样子，眨眨眼睛问："不会是'妖怪'在捣乱吧？"我听爸爸这么一说，害怕真有"妖怪"来到客厅，便飞快地缩在爸爸怀里。心想："我的妈呀，那妖怪是什么样子的呢？红头发？绿牙齿？蓝身子？手里拿着一把钢叉？专门吃小孩子？"我正想着，爸爸突发奇想："天天，你帮我去除掉'妖怪'吧！"我尖叫一声："天啊！地啊！"爸爸见我不情愿的样子，加了一句："探清原因，打死'妖怪'，奖励百元大钞。"说着打开皮夹，拿出一个红红的票子在我面前晃了晃。见我没有反应，爸爸又说："机会难得呀！不能错过哦。"我想了想：也是，平时只有在考到一百分时才能得到百元大钞，而这次打死"妖怪"就能得到百元大钞，划算呀！

于是我下定决心，扛起门后的扫把向厨房走去。妈妈看了笑着说："真像军人上战场呀！"我大步来到餐厅，但没到厨房门口，我就有点儿害怕了。我小声嘀咕："不会真有'妖怪'吧！世上应该没有妖魔鬼怪之类的东西呀！"但我还是不放心，躲在厨房外，通过窗户悄悄向洗碗池那儿瞅了瞅，还好，没有什么"妖怪"。于是我小心翼翼地走进厨房，对着洗碗池大喝一声："妖怪，哪里逃！"说来也怪，那"啪啪"声没有了。我得意扬扬地想：真是长坂坡前一声吼，"妖怪"吓得都不敢作声了。

虽然没声音了，但是爸爸说还要探清原因，要不然是得不到百元大钞的。所以，我又举起扫把，把洗脸池的每个角落都看了一遍，的确没有"妖怪"。是不是在卫生间里呢？我自己提醒自己。我小心谨慎地从洗碗池边的窗子向卫生间里张望，只见里面黑黑的，我准备打开卫生间的灯，可偏偏灯又坏了，我只好摸索着来到卫生间。我用扫把把卫生间里每个地方都打了一遍，并没有发现有妖怪。我正想离开卫生间，"啪啪"的声音又响了起来，我硬着头皮，顺着声音寻去，我发现那怪声是从下水道里发出来的，于是我找来手电筒一照，切，原来是一条鱼从盆里蹦了出来，发出的"啪啪"声。于是我把鱼捉起来放到水盆里，哈，就这么简单。

当我高兴地告诉爸爸我除了"妖怪"时，不仅得到了老爸老妈的表扬，也如愿以偿地得到了那张百元大钞。

虽然"妖怪"只是一条鱼，但是我能一个人勇敢地把它"捉拿归案"，就足以证明我不再是胆小鬼了。

# 一份美妙的礼物

司　勉

从小到大，我收到过不少礼物，最让我爱不释手的，就是那把吉他了。

虽然有点儿五音不全，但小时候我就爱哼哼唱唱。一年级的一天，妈妈说："我带你去学个乐器吧，这样可以多了解乐理知识，也有个兴趣爱好。"那一夜，我兴奋得睡不着觉。第二天，妈妈带我去了家旁边的凯格琴行。看着各种各样的乐器，我不知道从何下手。最后，我的目光停在了吉他上。我用手轻拨琴弦，吉他发出的声音清脆而响亮。"妈妈，我就学这个吧！"我抚摸着琴弦对妈妈说。于是，我就拥有了一把古典吉他。

打那之后，我就开始了每周日下午一小时的吉他学习。刚开始的两节课，出于好奇，我迫不及待地盼着周末。可好景不长，枯燥的乐理知识、反复的练习和记忆让我打起了退堂鼓。妈妈说："开始总是困难的，要一步一个脚印才能走得稳、走得远。"在妈妈的鼓励和支持下，我坚持了下来。

就这样学了两年之后，琴行组织汇报表演。吉他王老师找到我说："司勉，汇报表演今年你要参加了，有个乐队正好少个贝斯手，你来。"表演？那不是要上台？不是会有好多观众？不要！不要！我在心里呐喊着，可又不敢拒绝老师。回家后，我跟妈妈说了自己的想法，可妈妈居然不帮我，我只好硬着头皮上了。还好，贝斯就四根弦，而且我也就弹那几个音，我努力练习着。登台的时间终于到了。站到台上，我一看，下面好多家长，还有好多爷爷奶奶，晕！我赶紧低下头。音乐响起，我一紧张，忘谱了，赶紧回忆、找音，滥竽充数地跟着弹。好不容易结束了，我迅速走下台，正好遇上了王老师。我的眼泪在眼睛里打转，老师拍拍我的肩说："没事的，下次努力。"我扑进妈妈怀里，眼泪"哗哗"地流。妈妈摸着我的头说："你能勇敢地站到舞台上就是最大的进步。"

从那以后，我练得更加努力，还参加了吉他考级。今年，我顺利拿到了六级的证书。

一转眼，又到了一年汇报表演的时间。王老师说："司勉，这次你们乐队的主音你来弹，你的基础比较扎实。"我弹主音？我的心里好像有无数只小兔子在跳。这是老师对我的信任，也是对我努力付出的最好奖励。我努力练习，终于在汇报表演时不出任何差错地完成了整首曲子。我如释重负地走下台，王老师笑着说："弹得不错，就是唱的时候应该再放开点儿，大胆唱出来就更好了。"

妈妈送给我的，不只是一把乐器，还是一段精彩的成长经历。这，真是我收到的最美妙的礼物！

# 我 发 烧 了

周思睿

又是一个平常的早晨，但，在我眼里，一切却变样了……

我睁开蒙眬的双眼，觉得一阵头晕，脑袋好像要爆炸了。我用手一摸额头，只听"吱"的一声，我的手差点儿没被烤熟！好烫！我发烧了！我赶紧大声叫妈妈。妈妈走进我的卧室，问："咋啦？"我指指自己的额头，一脸痛不欲生的表情。妈妈的脸上写满了不相信："用得着这么夸张吗？"说着，她摸了摸我的额头。"吱——"她赶紧把手缩了回去："不会吧？还真有这么夸张！"

话音刚落，妈妈就消失了。很快，她又回来了。我以为她是去给我拿药了，谁知道她手里拿着的是——肉！她把肉放在我的额头上，只听"吱啦啦"一声，肉一下子就烤熟了。妈妈拍手大笑："哈哈！这也太省燃气费了！早知道我就开一家餐厅了！"

快到中午的时候，妈妈真的把我的额头当燃气灶做起饭来。我觉得头越来越痛，越来越痛……只听"轰"的一声，我的头顶像火山口一样，喷发出了好多岩浆！哎哟我的妈呀，我哪儿得过这么奇葩的病呀！接下来，我头上的"火山"爆发了三次，岩浆把我家的地板烫出了大洞不说，火山灰也喷得到处都是，惊动了环保部门。环保部门说我的病情对空气的污染太严重了，必须隔离。我无奈地来到了隔离区，医生正给我做检查呢，我头上的火山又爆发了，把天花板烧出了一个大洞。医生吓得拔腿就跑，我见此情形，干脆从洞里爬了出去——我可不想被关起来呀！虽说费了九牛二虎之力才跑出去，可我头上的"火山"太显眼了，不论我往哪儿躲，都会被人发现。哎，我亲爱的"火山"，你可不可以暂停"发飙"，让我抽空去吃几片退烧药呀？

# 青橄榄的故事

魏　鑫

前年橄榄大丰收时，老爸给了我几个橄榄，说是让我尝尝。

望着那几个青绿青绿、面带皱纹的橄榄，我不禁打了个寒战：听同学说，橄榄很苦的！我急忙摇摇头："不吃不吃，橄榄很苦的！"老爸眉头竖成一个"川"字，两只眼睛瞪着我："谁说的，橄榄先是苦，慢慢就甜了，我都吃过了！"我还是没被打动，连声说"不"。

老爸立刻怒气冲天，脸绷得紧紧的，两排眉毛如利剑一般，大吼："不吃？找打呀！"在他的威逼下，我只好用手捏紧鼻子，闭上眼睛，头往上一扬，把橄榄往嘴里一扔准备来个"囫囵吞橄"，打算嚼都不嚼就咽下去，可无奈体积太大，咋也吞不下去。我只好咬了起来。"啊！好苦呀，我不吃了！"老爸闻听此言，立刻火冒三丈，还摆出要揍我的动作。情况不妙，快吃！我忍住苦味，继续咬下去。

橄榄越来越苦，我的两个腮帮子憋得通红。终于，我忍不住了，一口把橄榄吐了出来，并以每小时N+1万公里的速度奔向饮水机，大口大口地喝起水来。老爸生气了，可我也管不了那么多啦，一个字——溜！

一会儿，我慢慢地平静了下来。淡淡的甜味居然从嘴里冒了出来，真甜，真甜，我直咂嘴，还没等我尝够，甜味一下就没了，我真想多回味会儿，哪怕一小会儿，可已经来不及了。

对呀，不先尝苦，怎获得甜？于是，我叫住老爸，让他再给我一粒橄榄，这时，一丝甜味涌上心头……是呀，朋友们，不经风雨，怎见彩虹？不要怕开头的辛苦，其实辛苦的背后往往会结出甘甜的胜利果实呢！

148

# 酷小鬼独自在家

崔煜皓

这是一个阴森森的星期五，我照样爬上五楼，照样回到家，家里照样没有人，天花板照样不会说话。

我关好门，换好鞋，拎着书包来到了我的房间，放下书包。然后找了一本小说，轻松地爬到床上，津津有味地看了起来，可刚看没几页，就听见窗外有"噼噼啪啪"的细小声音，我吓得倒吸了一口凉气，爬起来向窗外看了看，什么也没有。我的大脑不由自主地转了起来：会不会有会飞檐走壁的强盗破门而入，闯进我家？会不会有行侠仗义的蜘蛛侠看到强盗后来和他决战……

不对，不对，我摇了摇头，把思绪从幻想世界中拉回到现实之中。我跑到阳台上看了看，原来是放在窗台上的塑料袋被风吹得"噼噼啪啪"响。我暗自好笑，手里的小说却怎么也看不下去了。

我去冰箱里找了点儿小吃，回到自己房间，摊开书本，开始写作业。天渐渐黑了下来，外面的北风仍然呼呼地刮着，我望着书发呆，台灯白色的光环清晰地映在书上，房间里那几只表胡乱地奏着"交响乐"，我还是觉得有些暗，我拉上窗帘，想去打开房间的吊灯，忽然觉得身后有人，啊？会不会是持刀的黑衣人，等我一回头就刺杀我？我害怕极了，拿起笔，紧闭双眼，一扭头，狠狠地刺向前方。过了一会儿，我小心翼翼地睁开眼睛，原来什么也都没有。

写了一会儿，有些累了，于是，就到客厅去看电视了，顺便抱上自己的毛毯，打开电视后，我用毛毯把自己盖得严严实实的，整个身体只有眼睛露在外面用来看电视，不然万一有大妖怪看见我，不把我吃了才怪呢……

看着看着，我有些困了，刚想闭上眼睛睡觉，妈妈下班回来了。"啊，妈妈，你终于回来了……"

# 用黑白画出色彩

方季惟

"下面有请B0442号上台表演，大家掌声欢迎！"

听到主持人热情的介绍，我紧张地站起来，整理了一下衣服，迈着沉重的步伐走上台。我边走边想：前面的同学弹得那么流畅，旋律那么优美，我能行吗？我的心怦怦直跳，脑子里一片空白。

站在台上，台下乌泱泱一片，静悄悄的。我紧张地寻找着观众席中的妈妈。当我看到她时，只见她向我投来鼓励的目光，仿佛在说："宝贝，你是最棒的！妈妈相信你！"我一下子有了信心，清了清嗓子，响亮地说："各位评委好，我参赛的曲目是《雪山春晓》。"

说完，我调整琴架和座椅，听了下音准，落座后挺起腰板，两腿并拢，自然摆放，双手轻轻搭在琴弦上，提气，准备开始演奏。我左手扒音，右手摇指，但总觉得手指僵硬，微微颤抖，音准不清，动作放不开。我越发紧张，心里七上八下的，脑子里嗡嗡直响，手心都冒汗了。

弹着弹着，我想起了老师给我讲的这首曲子的意境——青藏高原上，冬去春来，冰雪还未融尽，万物复苏，生机勃勃。藏族妇女们踏着悠扬的旋律，挥舞着长袖，翩翩起舞。后来，男子们也加入舞蹈，欢乐的气氛非常浓烈。这首曲子表达的是藏族人民对大自然的赞美和对春天到来的喜悦之情。

弹到后面，我渐渐融入乐曲中，身子也情不自禁地随着演奏晃动起来，手指划过琴弦，音符在我的心底跳跃。

一曲弹完，台下响起了雷鸣般的掌声。评委老师们亮出了分数，三个9分。我高兴极了，总分是10分，我得了9分。我深深地鞠了一躬，难以抑制内心的兴奋，跑下了舞台。

一个星期后，老师告诉我，我获得了少年B组的金奖。我开心得说不出话来——因为，一个组只有一个金奖啊！

"一分耕耘，一分收获！"我望着金灿灿的奖杯，感叹道。"是啊，你第一次参加比赛就有这么好的成绩，看来平日的功夫没有白费啊！"妈妈显得格外开心。我以后一定要争取取得更好的成绩，收获更多的成长。

这真是一次令人难忘的赛事啊!

# 雨中的坚持

杜灵月

7月2日,暑假的第二天,我参加了"红领巾欢乐暑假环保跑"活动。这天,雨很大,组织者都准备放弃了,最后在参与者的支持下,活动才得以照常进行。

随着发令员一声令下,穿上雨衣的小伙伴们斗志昂扬地出发了。运动能力强的同学,为了争夺第一,像小马驹似的冲了出去;不甘落后的同学也迈开大步紧紧跟上;我和小陆想保持体力,坚持走完10公里,便优哉游哉地跟在后面。没走几步路,我们的鞋子就灌满了水。小陆打趣道:"我的鞋子里都可以养鱼了!"就这样说说笑笑,走了一段路,我们往后一看,后面的几个孩子因为落得太远,已经放弃活动,钻进了汽车。往前一看,我们和前面的大部队也拉开了很长一段距离。这让我们犹豫起来:放弃?不!那就加速赶路吧!

我们冒雨一路小跑,雨点好像也大了,重重地打在我们脸上。虽然穿了雨衣,但雨水还是顺着脖子溜了进去,我的衣服全湿了,身上袭来一阵凉意。小陆的一次性雨衣太单薄了,头上的帽子总是被风吹到脑后,她索性脱掉雨衣,撑起雨伞。再看看前面的同学,有的嫌雨具累赘,索性冒雨奔跑。有几个女生并排走着,一个爸爸怕孩子被雨淋出毛病，不放心地紧跟在后面，在她们的头上撑起一把大伞。有个只有六七岁的小女孩儿竟然遥遥领先，看起来精力十足。一个男孩儿可能一开始跑得太快，现在蹲在地上，看起来非常难受，估计是支撑不下去了。因为一路奔走，我也开始喘气，身上变得热乎乎的，两条腿沉重起来。我们超过了一个又一个队友。这时，"沙沙"的雨声好像也在为我们加油，为我们这群坚持的"红领巾"喝彩呢！

快接近目的地了，我越来越累，口也渴了，但我顾不上喝水，怕被后面的同学追上。我和小陆你追我赶，速度快了不少。我们不再闲聊，只有简短的鼓励声，一个说："快点儿！跟上！"一个应："好的！加油！"虽然有同学放弃了活动，但更多的小伙伴在雨中一路前行，脸上透着骄傲与自信。终于，在一阵欢呼声中，我们抵达了终点。

比赛成绩揭晓，那个六七岁的小女孩儿不出所料获得了女生组第二名，让所有人忍不住惊叹。这次活动，我克服困难，用自己的实际行动宣传了"绿色环保"，虽然只得了坚持奖，但我仍为自己挑战成功而感到快乐！

# 快乐摘橘子

周烨灵

星期天，爸爸带着我和我的小伙伴陈宇一起去他同事家的橘园摘橘子，我们兴高采烈地出发了！

开了半个多小时的车，终于到了爸爸同事家的橘园。走进橘园，清新的空气扑面而来，我不禁感叹道："啊！这里的景色真美呀！"

瞧，一个个黄澄澄的橘子挂满了枝头，远远望去，就像一盏盏金灿灿的小灯笼挂在绿油油的橘子树上。走近一看，有的高高地挂在枝头，仿佛在炫耀自己的美丽；有的躲在树叶后，就像一个害羞的小姑娘；有的三个两个拥抱在一起，似乎在讲悄悄话……我迫不及待地伸手摘下一个大橘子，剥开果皮，那一瓣瓣黄中透红的果肉便露了出来。我掰下一瓣放进嘴里，一股酸酸甜甜的汁液流入口中，真是香甜可口啊。

吃完橘子，就要开始干活啦。我们拎着小篮子，在橘园里穿来穿去，兴奋地摘着橘子。爸爸和叔叔叮嘱我："周烨灵，要找又大又黄的橘子摘哦！"我在树底下仔细地寻找着，有的橘子在枝头对我微笑，有的橘子躲在树叶中跟我捉迷藏，一不小心，还有橘子会敲敲我的头，好像在和我打招呼。我看到了一个又黄又大的橘子，但是橘子长得太高了，够不着。怎么办呢？我只得跳起来，用一只手抓住橘子，将树枝压低，然后再拿剪刀"咔嚓"一下，橘子就落到了我的手中。不一会儿，我就摘了满满一篮子橘子，真是开心极了！

"你是我的小呀小橘子，就像天边那最美的云朵……"突然，耳边传来了一阵歌声，我回头一看，原来是陈宇在一边摘橘子，一边悠闲地唱歌，还扭动着屁股呢。我们都被这歌声感染了，情不自禁地也跟着唱起来。

太阳落山了，我们带着金灿灿的橘子和收获的喜悦，兴高采烈地走在回家的路上。我想：这次摘橘子可真是满载而归，下次有机会我一定还再来！

# "手机控"爸爸

孙诚祯

我家有一个"手机控"爸爸。他除了工作，其余的时间都在玩手机，甚至睡觉时手里都拿着手机。

有一次，我在房间里写作业，听到爸爸的屋里传来"呼噜、呼噜"的打鼾声。爸爸这么早就睡了吗？平时他睡得很晚呀！我决定到爸爸的屋里去一探究竟。我轻轻推开门，只见爸爸躺在床上，双眼闭着，确实已经睡着了。可是，他的手高高地抬着，手里还握着他心爱的手机。

爸爸到底是在睡觉啊，还是在看手机啊？我忍着笑，悄悄走到爸爸床前，想把手机从爸爸的手里拿出来。可是，我的手刚碰到手机，爸爸猛地一下坐了起来，手紧紧地抓着手机，脱口问道："你干什么？"

我像做错事被发现了似的，赶紧回答："我看你睡着了，想帮你把手机拿下来。""哦，没事，我没睡。"爸爸挠了挠头，一转身又躺下看手机了。

还有一次，我和爸爸去爬山。爸爸从上山开始，两眼就没离开过手机。我和妈妈在前面走，他在后面跟着，一边走一边看手机，也不理我们。于是，我和妈妈小声商量，决定要给爸爸来一个恶作剧。

前面有一个小亭子，我建议到那儿休息一会儿，爸爸同意了。我们走进亭子里坐下，爸爸依然在看手机。我朝妈妈使了个眼色，我俩蹑手蹑脚地离开亭子，找了一个隐蔽的地方躲了起来。爸爸一点儿都没察觉，还在那里专心致志地看手机呢。

过了十几分钟，爸爸才发现我们不见了。他先是猛地站了起来，眼睛慌乱地四处乱扫，最后围着亭子团团转。我和妈妈捂住嘴，强忍着不笑出声来。"哼，你倒是接着看手机呀！"我在心里暗暗地说。

"儿子——老婆——"没想到，爸爸情急之下竟放开嗓门大喊。看着他那焦急的样子，我和妈妈走了出来。让我万万没想到的是，爸爸见到我们后，松了一口气，又一屁股坐下继续看手机了。

这就是我家的"手机控"爸爸，真是让人又恨又爱。

# 迷上剪报

曹明琴

每个人都在寻找和培养自己的兴趣爱好——看书、画画、做手工……而我呢，喜欢剪报。

我房间的写字台抽屉里放着几本厚厚的大夹子。这些就是我的心血，是几年来我从各类报刊上剪下来的精华。

剪报，是我从小学三年级起培养的兴趣。那时，爸爸每次下班回家总带着报纸，我对上面的图案和文章特别钟爱，总是看了又看，爱不释手。爸爸就笑眯眯地对我说："女儿，你要是喜欢，就把它剪下来吧。"剪下来，真是个好主意！我立刻嚷着跟爸爸要剪刀。"别急嘛，瞧，这是什么？"爸爸像变戏法似的从口袋里掏出一把精致的剪刀递给我。我搂着爸爸连声说："谢谢！爸爸真好！"

从此，我迷上了剪报。只要看到精彩的文章、动人的词句，我便拿起剪刀，像个小裁缝一样，精心剪裁下它，然后小心翼翼地贴在我的大夹子里。一有空，我便捧着夹子，读着一篇篇文章，感觉其乐无穷。

剪报不仅增长了我的见识，也帮我摆脱困境，解除愁绪。记得一次我因数学考砸了，回到家里闷闷不乐，随手翻翻剪报，看到一篇题为《走出迷津》的文章，就捧着它读了起来。随着文字的流淌，我进入了另一番天地，心境随之快乐起来。

随着时光流逝，我的大夹子日益丰满起来。它凝结着我的汗水，伴我一步一步地走上人生的征途。现在我已把它们分门别类装订成册，有"生活小百科""国画欣赏""诗歌精选"等等，真是五彩缤纷。它在丰富我的知识之余，更向我展开了一幅丰富多彩的人生画卷。

156

# 黄油变身记

严晨涛

大家好，我是黄油，我有一个梦想，那就是成为人人都爱的饼干。终于有一天，我的梦想成真了。

这一天,我被两位老师拉了出来。这两位老师想干什么?是想把我送入垃圾场,还是让我梦想成真?我忐忑不安起来!

"啊!这位老师想干什么?竟然用菜刀把我切成一小块一小块,还把我丢入一个桶中。这位老师葫芦里卖的是什么药?"我痛得大声叫喊。

"同学们快来,这次我们做饼干。这是黄油、面粉、白糖、搅拌器、开水、芝麻等材料。"

"什么?我没听错吧!把我做成饼干,这实在是太棒了!"我压抑不住心中的狂喜,高兴地尖叫起来!

"我们先把开水倒入这里,再把黄油放入搅拌器搅拌开。"只见老师拿来开水,放在盛放我的器皿下面。天啊,烫死了!这该怎么办呢?唉,为了成为饼干,我要坚持住!就这样,我的身子慢慢变软……

"再放入白糖,白糖要少放点儿,一共放三次,请同学们到这边把面粉过滤一下,放入黄油中,再用小铲子来回翻就好了。"

"啊!真没想到这制作过程还挺好玩的!"同学们正拿着搅拌器给我按摩呢,我就这样被他们不断翻滚着,虽然有那么点儿头晕,但总归是享受啊。只可惜我还没吃饱,我又张大了嘴巴。"现在再放入面粉,直到把黄油变干为止。"老师看我一副没吃饱的样子,对同学们说。同学们听了,赶紧舀了一勺又一勺面粉给我!"哇,好好吃啊!肚子好饱呀!不想吃了。今天吃得真饱呀!我看我几年都不用吃饭了。"

"现在把黄油做成自己喜欢的样子,但是要薄薄的。"老师提醒同学们。一会儿,我就开始大变身了,同学们把我变成了甜甜圈、笑脸、小兔子、乌龟……正当我自我陶醉的时候,随着老师的一声"现在把饼干放入烤箱里烘烤",我便到了另外一个家里。天啊,这里好温暖呀!让人好想睡觉。渐渐地,我睡着了!

"好了，烤好了，可以吃了。"听到同学们的叫声，我醒了，发现自己真的变成了又香又脆又酥的饼干，同学们都抢着要吃我呢！

看着同学们那幸福的模样，我为自己梦想成真而感到骄傲！各位老师，各位同学，我在此感谢你们喽！

# "人"先生的新邻居

郭幸建

158

"人"先生和"入"先生终于分清了彼此，谢过"认真"先生，就回家了。这时，"人"先生坐下来看电视，突然听见有人敲门，是谁来找他呢？他带着疑问打开了门，原来是物业公司的"力"大哥，说有新邻居要搬到这里来，希望大家能相互照顾，"人"先生听了非常高兴，二话不说，就答应了下来。故事就此开始……

第二天，"人"先生起床后，来到了阳台上，发现旁边多了一栋房子。他想：难道这就是新邻居的房子？于是前去敲门，"咚咚咚"，里面传来了一阵粗粗的声音："谁啊？""是我，你的邻居。""人"先生笑容满面地答道。"哦，那就进来吧。""人"先生推开门，友好地打招呼："你好，我是'人'先生，请问你是？""别人都叫我'修理'哥。"邻居回答道。"那我们以后就是朋友喽。"就此，两人交上了朋友。可是，好景不长……

一天晚上，"人"先生上床睡觉了，过了一会儿，对面"叮叮咚咚"的响声把睡梦中的"人"先生吵醒了，他还以为是自己做噩梦了，于是继续睡。这次，"人"先生好不容易有了睡意，却又被那声音搅没了。他生气极了，来到了窗边，原来是"修理"哥在修桌子。第二天，"人"先生长出了黑眼圈，正打算说理去，没想到"修理"哥先来找他了。看见"人"先生，"修理"哥问了起来："兄弟，你昨天没睡好吗？""人"先生昏昏沉沉地解释道："还不是因为你昨天晚上发出那么大的响声。""修理"哥听了，非常惭愧地说道："那我尽量小声点儿吧。"可是一到晚上，那该死的声音还是影响到了"人"先生，他气愤地对着窗户喊道："走吧，走了才好呢！"

难道就这么结束了？不！一天，"人"先生的椅子坏了，本来打算让"修理"哥来帮忙，可是，他想着自己得罪了"修理"哥，"修理"哥肯定不会帮他。可是去别的地方修理，要走几十里路呢。要不，去跟"修理"哥道歉吧。他来到"修理"哥的家，诚恳地说："对不起，我没有体会过你的感受，请你帮忙把我的椅子修好吧。""修理"哥听了十分开心，说道："愿意为你效劳。"就此，两人恢复了往日的友情。

没过几天，在大家的帮助下，修理店开了连锁分店。那么多修理工分布在城市的各个区域，就不用连夜赶工了。这样不仅解决了"人"先生的睡眠问题，就连"修理"哥也不用那么辛苦了，他们之间的感情越来越深厚了。

几星期后，"修理"哥要搬回去了，两人难舍难分。虽然他们两个才认识短短几个星期，但是在"人"先生的心里，"修理"哥是他最难忘的邻居。

# 家乡的一角

张 艺

要说起家乡梅李的旅游胜地，当数景色优美、历史悠久的聚沙公园了。

一进公园的大门，便可以看到一个圆形的水池。池水清澈，水里的鱼儿们摇着尾巴自由自在地游来游去。沿着鹅卵石小路往前走，亭台楼阁，四周高大的树木郁郁葱葱，花儿姹紫嫣红，红的似火，粉的如霞，黄的赛金……纷纷绽开了甜美的笑脸。深吸一口气，顿觉心旷神怡。

继续往前，就会踏上一座小桥，因为它一共有九道弯，由此得名"九曲桥"。走到桥端，一棵参天大树映入眼帘。没错，这就是有着八百年历史的古银杏。饱经风霜的它，主干粗壮，五六个小朋友手拉手都很难抱住它。青翠的树冠犹如一把撑开的大伞，晴天遮阳，雨天挡雨，像个绿色的巨人挺立在公园中央。大人们围在树下，席地而坐，谈笑风生，孩童们嬉戏打闹……

聚沙公园不仅有优美的景物，还有标志性建筑。

公园南侧是全园最引人注目的一角，这里有一座宝塔，全名"聚沙百福宝塔"，是镇上的一座标志性建筑。它始建于南宋绍兴年间。塔高二十多米，褐色的砖墙，棕色的栏杆，八面七层，每层角上都有一个高高翘起的飞檐，每个飞檐上都有一个铜制铃铛。一阵风吹过，它们便不约而同地演奏起来，"叮叮当当……"仿佛在说："欢迎来到聚沙公园！"有时，古塔仿佛还会和身边的古银杏畅谈，感叹梅李小镇日新月异的变化和发展。

这里还有许多引人注目的景点：小巧玲珑的假山，曾为抗日做过贡献的碉堡，刻着孝爱故事的砖墙……一批批游客慕名而来，赞叹声不绝于耳。

梅李聚沙公园，面积虽然不是很大，但它优美的风景、悠久的历史、源远流长的文化使它始终在人们心中占有一席之地。


# 听从心的声音

于含平

虽然立秋，但气温依然，似在夏末那般温暖。而秋分一过，雨连绵不断地下了几天，天便冷了下来，却才真有了几分秋的味道。

起初，我是怀着兴奋的心情看这场大雨的，真是一场极大的雨啊！可是这雨一直或大或小地下着，不免有些烦人了。听雨的沙沙声，我的心也跟着烦躁了起来。我捂住耳朵，却怎么也挡不住沙沙的声音。那声音像急促的鼓点，但怎么也不停下来。这雨，真烦。

在回家的路上，雨下得更大了。我撑着伞，艰难地迈着步子，再大的雨伞怕是也挡不住这风雨，硕大的雨点不断地又狠狠地砸在我脸上、身上。一下又一下。我似在宽阔大海上的一叶扁舟，孤立无援。

我只有拿着雨伞笨拙地使用，轻飘飘的雨伞当然比不过强劲的风，但我依然把它当作盾牌，奋力抵挡着千千万万支"箭"，举步维艰，到处一片灰蒙蒙，看不见蓝色的天儿，快乐的人儿。我一路上披荆斩棘，像闯入黑暗森林的勇士。道路上的水花溅湿了我的衣服。这雨，真烦。

突然，听见一个小孩欢快地叫道："好漂亮！"我惊讶地抬起头，看向四周，雨，依然这么大。但仿佛周围的景物不是我想象的灰暗，到处湿漉漉，水淋淋的，仿佛美人出浴的优雅，也似中国水墨画中悠远、宁静的美。奇怪，雨并未减小，我的心反而平静下来。我看见树绿油油地闪着晶莹的光亮。脚下，有树的倒影，到处显现着生命的活力。雨沙沙滴到地上，溅着一片片水花，周围一片片涟漪，像几只小鱼调皮地啄几下水面。路上的人们穿着花花绿绿的雨衣，是几抹亮丽的色彩。这雨，又有淡雅的美，又有活力的美。雨沙沙地下着，风依然肆虐，我却发现了别样的笑。

雨沙沙地下着，我的心却平静了下来。原来一切皆由心生，无论外界多么喧嚣，外面多么肆虐，有一颗平静的心才是最重要的。我期望能在这喧嚣的世界，寻一方心之净土，听从自己的声音。

# 水乡的乌篷船

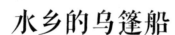

吕东宁

美丽古朴的绍兴古城，河网纵横交错，星罗棋布，素有"东方威

尼斯"之美誉。在这泽国水乡中，船就成了主要的交通工具。绍兴独树一帜的乌篷船便成了这座城市独有的一道风景。

乌篷船长六七米，轻巧灵活，如同一片竹叶。顶棚用桐油与烟煤涂抹，油黑发亮。罩在船上，就如同给船戴了一顶大斗笠。绍兴白话中，"乌"就是"黑"的意思，乌篷船这个别致的名字就因此而来。船底用木板拼成，内铺一张苇席，供游人坐卧，甚是舒服。

坐在船舱里，草席散发出令人神清气爽的清香。品一口茶，呷一口绍兴老酒，嚼一颗绍兴特有的茴香豆，听着那艄公用绍兴方言唱着那悠长的《莲花落》，真是悠然自得，惬意至极。晴天时，乘小舟穿过一孔孔千姿百态、瑰丽多彩的石桥，远眺那连绵起伏的群山；雨天时，小舟像披着婚纱的新娘，在烟雨蒙蒙中，流连在青瓦白墙的倒影之中，真是风情万种，别有一番情趣。

船工的技术十分精湛。绍兴的河道百转千回，又拥挤繁忙，来往船只排起了长龙。船工却不慌不忙，他一边用脚划桨，一边用手掌舵。手脚并用的独特方法成了绍兴乌篷船的独特印记。就这样，船不徐不疾、平平稳稳地穿行，两边的建筑像一幅长卷展开，令我们目不暇接。

游客们坐在船中，慢慢地品味这座名城的古韵。商人们一边划着船，一边向沿岸的行人兜售各色绍兴特产。年老的妇女们坐在船中，操着方言闲聊家常。老人带着小孩，坐在船上出神地看着戏台上的《霸王别姬》。

夕阳西下，一艘艘乌篷船挂上了红灯笼，静静地靠泊在码头上。伴着月光，灯红酒绿的繁华夜市才刚刚开始。几份河鲜野味，三杯两盏老酒，乌篷船内传出客人们的谈笑。古朴与现代，传统与繁华，绍兴古城在月光下再次展现了她的婀娜。

# 散文先生

高榕生

张老师站在教室讲台前，阳光照耀着她乌黑的头发，她垂下眼帘，目光透过镜片扫视了一下讲台前的课本，又微微抬起，微笑着看向同学们。此刻，我们感到有阳光播撒在心田。

同学们都喜欢张老师上课。她用娓娓动听的声音和富有诗意的语言讲解课文。她带领我们走进文学的殿堂，感受语言的奥妙。

有一次，我们学到《泉城》这篇课文，张老师声情并茂地为我们朗读。然后，她用投影仪展示了泉水的千姿百态，让我们感受大自然的鬼斧神工。她又用红笔点出好词佳句，鼓励我们说出这些句子的写法以及自己的感受。她微笑着倾听同学们的发言，时不时地点头称赞。不知不觉，下课铃响了，同学们还如痴如醉地沉浸在神奇秀美的《泉城》中。

课间时，张老师经常带着我们阅读大自然这本神奇厚重的大书。校园里的桂花开了，老师和我们在桂花树下散步，米粒般大小的金色桂花纷纷扬扬地飘落下来。见此情景，张老师趁机提问："谁能背出有关桂花的诗词？"一同学抢答："人闲桂花落，夜静春山空。"另一位同学也不甘示弱："山寺月中寻桂子，郡亭枕上看潮头。"……看到同学们争先恐后兴致勃勃地背诵古诗词，张老师流露出了赞许的目光。

　　高尔基说："书籍是人类进步的阶梯。"张老师还向我们推荐古今中外优秀的文学作品。在她的影响下，我们读到了许多好书，了解了不同国家的风土人情，看到不同的心灵景观。我们还从书中摘抄好词佳句，应用到作文里。

　　酷爱散文创作的张老师喜欢到大自然里行走，寻找创作的灵感，我们给她起了一个外号——"散文先生"。在我们的心中，她就像一篇散文。

# 我　妈　妈

刘茜茜

　　我家有一个"气囊"，她太可怕了，我躲都躲不开。她时时刻刻潜伏在我身边，高压气体随时都会喷涌而出。

　　星期一中午，她发现我写的字歪七扭八像苍蝇爬一样，"气囊"就开始释放了，你听……她恶狠狠地念叨："这是什么？是人写的字？我说过多少遍了……"我的脑袋嗡嗡响，重新写了一遍才勉强过关。

　　前天，我想向她要十元钱买些学习用品，她又凶巴巴地对我撒气："你整天要钱，买的东西呢？拿来我看看。"吓得我支支吾吾说不明白，嘿嘿，因为我有时候私自做主把文具换成玩具了。不管怎样，也不能动不动就发飙啊！

昨天，她去买菜了。我自己在家找电视遥控器，把沙发翻得乱七八糟。正当我看得津津有味时，门开了，她瞄了一眼沙发，不分青红皂白抡起扫帚就往我身上打。幸亏我反应快，像闪电一样跑回自己房间把房门反锁起来。可惜厄运跟着我——她有钥匙。

我无路可逃，只好乖乖受刑，她嘴巴又跟高压气枪一样对准了我："说过多少次了，家里卫生不是我一个人的事，不要这样搞破坏，自己收拾去，你这个不省心的家伙。"我没有解释的机会，只有接受这"血盆大口"的恣意喷吐。心里想着，下次我是不敢乱丢东西了。

小火山爆发的事太多，真是"罄竹难书"啊！我家这个大"气囊"就是我妈妈，我和爸爸都饱受其害呀！